小田玄紀　Oda Genki

デジタル資産と Web3

Digital assets and Web3

アスコム

はじめに

ビットコインの価値とは、何なのでしょうか？

最近、1ビットコイン（BTC）が10万ドルを超えたとか、7万ドルに下がったとか、大きな注目を集めています。

人類史上初の暗号資産（かつては仮想通貨とも呼ばれていました）として2008年、彗星のごとく現れた「ビットコイン」は、その実体があまり理解されていないだけでなく、ビットコインそのものの社会的な位置づけや性格も変化し続けています。

もちろん、「儲かりそうだから買う」「損しそうだから売る」という、投機的な売買の結果として暴騰したり暴落したりしている面は否めません。かつて日本で流行った「億り人」などは、まさにマネーゲームの典型です。

そもそも、ビットコインの正体は0と1が並んだデジタルデータの「やりとり」とその「記録」です。そんなものに数万ドルの値が付くなんて考えてみれば不思議です。

しかし一方で、ビットコインの市場における時価総額は2025年3月20日時点で約1・5兆ドル（約220兆円）になっています。あらゆる資産の時価総額ランキングでは、メタやテスラの株式と抜きつ抜かれつを繰り返しているほどです。

全く価値のないものであったなら、金融商品としてここまで評価されるとはとても思えません。

ではその価値とは何なのか？

例えば、エヌビディアのような企業の株式であれば、価値が分かりやすいでしょう。私たちの生活にはパソコンやスマートフォンをはじめ、ＩＴ機器が不可欠なものになっているのは、誰の目にも明らかです。それらの製品に使用されている半導体の巨大メーカーであるエヌビディアが、今後も成長を続けていくだろうことは容易に想像できます。

それに対し、ビットコインはどうでしょう。

皆さんのまわりにビットコインを所有している人はいますか？

ビットコインを使っている人を見たことがありますか？

ビットコインが何かの役に立ったという話を聞いたことがありますか？

おそらく、「ない」と答える人がほとんどのはずです。

これほど実態が見えないにもかかわらず、それに価値があると言われれば「怪しい」と感じるのも不思議ではありません。

ビットコインの価値を裏付けているのは、端的に言えばテクノロジーです。改ざんされない堅牢な電子記録の技術に、本質的な価値があるのです。

経済学者・起業家でイェール大学助教授の成田悠輔氏は２０２４年12月、Ｘで次のようにポストし、３６０万回以上の表示を記録しました。

「誕生からたった15年のビットコインの時価総額が300兆円を超えてる。東京のタワマンも、純金も、アップル株でさえ足元にも及ばない成長率。人類の歴史上もっとも利益率の高い資産でありスタートアップである。という奇跡がそこらの人にも政治家にもあんまり理解されてないことに驚く」

この短いポストからは、ご本人の真意まで汲み取ることはできませんが、私なりに解釈すると、「資産でありスタートアップである」という指摘はとても重要だと思います。

ビットコインはマネーゲームに使うギャンブルのチケットではなく、れっきとした資産だと捉えられるのです。

実はこうした見方は、何年も前に海外では当然のようになっていました。私が2019年にニューヨークを訪問したときのことです。ゴールドマンサックスの投資責任者と面談する機会があり、次のような質問を受けました。

「日本ではビットコイン取引における個人投資家と機関投資家の割合はどれくらい？アメリカではちょうど半々くらいなんだけどね」

当時、日本では99％が個人投資家によるものであり、それが当たり前だと思っていた私は衝撃を受けました。

いまは少しずつ変わってきていますが、個人投資家の狙いは基本的に短期の値上がりです。それに対して機関投資家は、顧客から預かった巨額の資産を運用するのが目的であり、複数の金融資産に分散投資するポートフォリオの一部にビットコインなどの暗号資産を組み込み始めていたのです。

ビットコインが誕生した当初は、単なる「ちょっと便利な電子的小口決済の手段」でしかありませんでした。例えるなら、PayPayやLINEPayとそう変わらないような発想だったのです。それがいまや、世界の機関投資家が資産ポートフォリオに組み込むほどになりました。

これはつまり、電子的な記録に過ぎなかったビットコインが、現金や現物に劣らない信頼性を備えた極めて現実的な資産、「デジタル資産」になったということです。実際にアメリカ財務省は、ビットコインを金（ゴールド）に替わるもの、「デジタルゴールド」だという見解を示しています。

ビットコインをはじめとした暗号資産を「デジタル資産」たらしめているのは、ブロックチェーンを含む「Ｗｅｂ３（ウェブスリー）」と総称されるテクノロジーです。Ｗｅｂ３は、情報の改ざんがされにくく、データの唯一性を担保し、しかも巨大なサーバやプラットフォーマーに依存しないサービスの実装を可能にするという「分散型」のネットワークとして社会を変え始めています。ビットコイン狂騒曲の根底には、こうしたテクノロジーへの信頼と期待があるのです。

ところが日本では、ビットコインや暗号資産と言うとほとんどの人が「何か怪しいもの」「手を出すのは危険」と遠巻きに眺めているだけです。

それではあまりにもったいない。

例えば2016年頃、ビットコインは5万円、同じく暗号資産のイーサリアムは500円程度でした。そのときほんの好奇心から少し買ってみていたら、いまどうなっているでしょう。2025年3月中旬において、ビットコインは1200万円、イーサリアムは30万円ほどなので、ビットコインは240倍以上、イーサリアムは600倍になっています。10年くらいでこんなに値上がりする投資対象はめったにありません。

また、暗号資産を支えているテクノロジーは急速に進化しており、それらを応用した「Web3」関連の新しいサービスも続々と登場しています。

これはかつて、インターネットが普及し始めた頃の状況に似ています。

もともと軍事用や学術研究用として開発されたインターネットが1990年代に入ると民生用として普及し始め、特に1995年に発売されたWindows95によってパソコンに詳しくない人でも簡単にインターネットに接続できるようになりました。

そこからEメール、ネット通販、オンライン掲示板など新しいサービスが登場。アメリカを中心にインターネット関連企業も次々に生まれ、株価が高騰しました。多くは実態を伴わないバブルだったため崩壊したのですが、そこからグーグルやアップル、フェイスブック(現・メタ)、アマゾンが生まれ、あるいは成長していったのです。日本においてもヤフージャパン、楽天、サイバーエージェントなどのインターネット大手企業の多くがこの時期に創業しています。

現在の暗号資産やWeb3の大きなトレンドが今後、どう展開していくのかはっきりとは分かりませんが、「怪しい」「危険」といって毛嫌いし、指をくわえて眺めているだけでいいのでしょうか。

暗号資産やWeb3には、新しい時代を拓き、社会の仕組みを変え、個人の資産形成や国としての産業振興に大きなチャンスをもたらす可能性が秘められています。そうであれば、まずは興味を持ってみるべきではないでしょうか。

本書では、ビットコインを入り口に「デジタル資産」と「Web3」の本質的な価値を解き明かし、その価値の源泉であるテクノロジーが、いかに社会を変えようとしているのかを解説していきます。これらを知ることで、得体の知れなかったデジタル資産に本当に価値があるのかどうかを見極める目が養われ、これからのビジネスや社会活動に有益なヒントが得られるはずです。

私は現在、ＳＢＩホールディングスの常務執行役員であり、また日本の暗号資産の認定自主規制団体である一般社団法人日本暗号資産等取引業協会（ＪＶＣＥＡ）の会長を務めているほか、２０１９年からは世界経済フォーラムのYoung Global Leadersに任命されています。

東京大学在学中に起業した私は、これまで投資家・社会起業家・篤志家・事業再生者として活動してきました。２０１６年には暗号資産交換業者であるビットポイントジャパンを創業し、経営してきた経験もあります。

私が暗号資産と関わるようになった頃、多くの人は「暗号資産ってよく分からない」「なんだか怪しい」と遠巻きに見ているだけでした。その中で私は、「日本にとって、日本人にとって、どう活用すれば役に立つのか」というスタンスで事業に取り組んできました。

それから10年足らず。毀誉褒貶《きよほうへん》とアップダウンを繰り返しながら、暗号資産はいまや世界でも日本でも大きな注目を集める存在となりました。

これからいよいよ暗号資産をはじめとするデジタル資産とＷｅｂ３が、日本の社会と経済に貢献する時代に入ると私は確信しています。

とはいえ、いまなおデジタル資産とＷｅｂ３について、肯定派と懐疑派が入り乱れ様々な言説が氾濫しています。私から見るといずれも断片的であったり偏りがあったりし、非常に分かりにくいと言わざるを得ません。いまこそもっと多くの人が暗号資産とＷｅｂ３についての理解を深めてほしいと願っています。

そして、個人であれば将来に備えた資産運用の選択肢として取り入れたり、生活における新しい娯楽や隙間時間を使った副業に利用したり、あるいは仕事の効率化や新たなビジネスのヒントにしたりしてほしいのです。

あるいは、「怪しい」「危険」というイメージが本当にそうなのか、確認してみるだけでもいいと思います。かつてインターネットが登場したときと同じように、いまデジタル資産とＷｅｂ３に関心を持つかどうかで、皆さんの未来が大きく変わる可能性があります。

本書では、この分野に長年身を置き、エンジニアやプログラマーから個人投資家、国内外の金融関係者、さらには政治家や官僚などと接し、意見を交わしてきた私が、できるだけニュートラルかつ初心者にも分かりやすく暗号資産とＷｅｂ３、またその基盤になっているブロックチェーンについてお伝えします。

本書を通じてデジタル資産とＷｅｂ３への理解を深め、それぞれの関心や立場に応じて自分事にするきっかけにしていただければ幸いです。

目次

第3章 「デジタル資産」の価値を生むブロックチェーンの技術とは

第2部 Web3は本当に社会を変えるのか

第4章 Web3が切り開く新しいネットの時代

第5章 画像データを唯一無二のデジタル資産に変える「NFT（非代替性トークン）」

第6章 ブロックチェーンでつながる超民主的組織「DAO（分散型自律組織）」

第11章 Web3の世界で自分が自分であることを証明する「デジタルアイデンティティ」

第12章 Web3はこれからどうなっていくのか？

第13章 デジタル資産とWeb3の時代における生存戦略

第1部

「デジタル資産」の本質的な価値

第1章

なぜいま「デジタル資産」なのか

トランプ大統領がビットコイン大国を目指すワケ

「アメリカをビットコインの超大国にする」

2025年1月に第47代アメリカ合衆国大統領に再び就任したドナルド・トランプ氏は、こう宣言しました。

選挙戦中から「暗号資産の主要ハブにする」と語り、テスラやXの経営者であるイーロン・マスク氏をはじめ、暗号資産支持派が側近や主要閣僚に入っています。共和党のシンシア・ルミス上院議員が提出した**「ビットコイン法案」では5年で100万BTCを購入し、準備金として備蓄することが示されています。**

暗号資産にポジティブなトランプ大統領の政策に市場は鋭く反応し、大統領選の終了後、ビットコインは10万ドルを超えて最高値を付け、さらに就任前には

10万9000ドルとさらに最高値を更新しました。

ところが一方で、トランプ大統領がその後発表した関税政策に金融市場は警戒感を示し、ビットコイン価格が急落するといった動きも起きています。

こうしたビットコイン関連のニュースを目にする機会が増え、昨今は暗号資産に大きな注目が集まっていることを、皆さんも感じているのではないでしょうか。

アメリカに限らず、**スイスやブラジルでも国がビットコインを保有する案が検討されており、日本でも暗号資産の売買益に対する課税方式を、現在の雑所得に対する総合課税から、株などと同じ分離課税へと変更する議論が行われています。**

もちろん、ビットコインをはじめとした暗号資産に対する世間の意見は様々です。**価値動きが激しすぎて危ない、単なるデータにそれほどの価値があると思えない、トランプ大統領の発言や国の動きひとつで暴落するかもしれない、**というネガティブな声も少なくありません。

本書を手に取ってくださった方も「**そもそも、ビットコインにはどのような価値があって世間は騒いでいるのか**」と感じることがあるのではないでしょうか。

ビットコインは誕生してからわずか15年しか経っていませんし、前例もないのですから、その信頼性に疑問が生じるのは仕方がないことです。投機的な目的で売買され、本質的な価値以上の値動きが起きてしまっているのは事実だと思います。

とはいえ、**極端な値動きやかつての「億り人ブーム」のような表面的なニュースにだけ目を向けていると、「そもそも暗号資産とは何か」という本当の価値や意味を見誤ってしまいます**。バブルのように激しく値動きする一方で、この15年間、着実に上昇してきた本質的な価値があるのです。

少なくとも、現在のアメリカの動きは、ビットコインが単なる「お金儲けの道具」ではないことを象徴しています。

トランプ大統領がビットコインにこだわるのは、ひとつには選挙に勝つためだったのでしょうが、重要な国家戦略でもあります。**暗号資産やブロックチェーンを活用した次世代の国際金融システムにおいて主導権を握りたいのです。**そのために規制を緩和し、積極的に自国で暗号資産を保有し、他国に先んじて市場と技術者の育成を進めようとしているわけです。

そしてアメリカが暗号資産にポジティブであると強く発信したり、実際に保有したりするほど、追随する者も現れ、さらに暗号資産の価値が高まっていきます。

そんな**金融革命ともいえる国際的な競争環境の、まさに主役にあたるのがビットコインなのです。**

ビットコインがここまでの存在感を得たのは、既存の金融システムを改革し得るほどのインパクトがあるテクノロジーだからです。

ぜひ本書で正しい情報を知っていただき、今後「デジタル資産」や「Ｗｅｂ３」がどうなっていくのかを、あなた自身の考えで見定めていただきたいと思います。

ビットコインはすでに世界トップクラスの金融資産

1位が金（ゴールド）、2位がアップル、3位がマイクロソフト、4位がエヌビディア、5位アルファベット（グーグル）、6位アマゾン、7位に銀（シルバー）、8位にサウジアラムコ、9位メタ（フェイスブック）と続き、10位にビットコイン。

これが何のランキングかお分かりでしょうか？

これは、CompaniesMarketCap社による主要な金融資産の時価総額ランキングです（2025年3月20日時点）。**10位にランクされたビットコインは時価総額1・5兆ドルで、メタの株式とほぼ同等となっています**。ちなみに暗号資産のイーサリアムは2400億ドルで50位につけています。

時価総額の算出根拠の違いなどはありますが、この金額を見る限りはビットコイン

主要な金融資産の時価総額ランキング（2025年3月20日時点）

Rank	Name	Market Cap	Price
1	Gold GOLD	$19.418 T	$2,892
2	Apple AAPL	$3.591 T	$227.48
3	Microsoft MSFT	$2.923 T	$380.16
4	NVIDIA NVDA	$2.749 T	$106.98
5	Alphabet (Google) GOOG	$2.129 T	$167.81
6	Amazon AMZN	$2.111 T	$194.54
7	Silver SILVER	$1.822 T	$32.37
8	Saudi Aramco 2222.SR	$1.696 T	$7.02
9	Meta Platforms (Facebook) META	$1.585 T	$597.99
10	Bitcoin BTC	$1.558 T	$77,338

出典：https://companiesmarketcap.com/assets-by-market-cap/

とイーサリアムはれっきとした資産としての地位を築いていることがわかります。
また、CoinMarketCap社のデータ（2025年3月20日）では、世界全体での暗号資産の市場規模は約409兆円です。日本の上場企業株式の時価総額が957兆円（2025年2月末時点）なので、その半分近くになります。24時間の取引額も約20兆円に達し、日本の株式市場（日本取引所グループ）の1日の平均取引高5兆円（2023年度）をはるかに上回ります。

こうした大きな数字を並べられてもピンとこない方もいるでしょう。ただ、ビットコインが2009年1月に生成され、翌2010年に初めてピザ2枚の購入に使われたときは1BTC＝0・6円ほどでした。それが**15年ほどで一時1BTC＝1700万円に至ったのですから、その間の成長率は実に2800万倍です**。すさまじい速度で価値を高めてきたことがわかります。

しかし一方で、疑問も湧いてきます。

主要な暗号資産の時価総額ランキング（2025年3月20日時点）

#	銘柄	価格	1h %	24時間 %推移	7日間 %推移	時価総額	取引高(24時間)
1	ビットコイン BTC	¥11,303,299.67	▾2.63%	▾5.93%	▾11.51%	¥224,202,565,424,001	¥8,265,591,369,789 729.21K BTC
2	イーサリアム ETH	¥263,219.91	▾5.32%	▾12.58%	▾16.67%	¥31,746,132,650,066	¥5,377,810,801,844 20.34M ETH
3	テザー USDT	¥146.60	▾0.17%	▾0.47%	▾1.62%	¥20,954,112,906,061	¥16,220,243,180,094 110.60B USDT
4	XRP XRP	¥281.97	▾6.01%	▾12.41%	▾18.81%	¥16,366,567,519,609	¥1,235,772,016,101 4.33B XRP
5	BNB BNB	¥75,295.76	▾4.24%	▾8.88%	▾11.48%	¥10,727,788,267,276	¥287,851,623,174 3.80M BNB
6	ソラナ SOL	¥16,825.74	▾4.08%	▾10.77%	▾19.96%	¥8,567,702,604,175	¥850,170,375,384 50.36M SOL
7	USDコイン USDC	¥146.64	▾0.18%	▾0.45%	▾1.67%	¥8,485,128,944,148	¥2,664,954,654,276 18.16B USDC
8	カルダノ ADA	¥96.60	▾3.20%	▾11.05%	▾20.78%	¥3,403,412,446,758	¥277,130,487,808 2.85B ADA
9	ドージコイン DOGE	¥21.35	▾6.93%	▾15.57%	▾27.03%	¥3,168,383,762,986	¥346,085,363,696 16.02B DOGE
10	トロン TRX	¥33.28	▾1.46%	▾3.14%	▾3.56%	¥3,163,054,042,610	¥135,277,282,774 4.06B TRX

出典：https://coinmarketcap.com/

本当に今後数十年以上、価値が維持あるいは向上するのでしょうか？
一時のバブルで終わる危険はないのでしょうか？

資産のデジタル化は止まらない

正直に言えば、未来のことは誰にもわかりません。ただビットコインなどの暗号資産に関しては、「資産のデジタル化」という観点では今後も価値を高めていくはずです。

私にも、明日、明後日の値動きは予想できませんが、5年ほどのタームではある程度の予測は立ちます。**2030年頃には1BTC＝5000万円〜1億円ほどの価格になるだろうという見解を持つ専門家やアナリストも少なくありません。有識者のものとはいえ、あくまで予測は予測でしかありませんが、各々が説得力のあるロジックで推論を立てているため、期待はできます。**

とても現実的には思えないかもしれません。しかし金に替わるデジタル資産として役割を確立し始めたことを考えれば、荒唐無稽な話ではないのです。

アメリカの財務省は、「ビットコインは分散型金融における価値の保存に使われるもので、デジタルゴールドのようだ」との見解を報告しています。FRBのパウエル議長も「ビットコインの競合は金」と述べているように、金に近しいものであるという視点はビットコインの価値の理解において重要です。

そもそも資産というのは経済的な価値があるものの総称です。

その中で、とりわけ金の価値が高いのはなぜでしょうか。様々な要因があるので、ここではザックリとした説明にとどめますが、まず埋蔵量が決まっていて希少価値があるからです。それから、アクセサリーや電子機器、はたまた投資と用途が多彩であること。そして誰もが売買しやすく換金性が高いこと。紀元前からの歴史があること。企業の業績や地政学的リスクに価格が左右されにくいこと、などが挙げられます。加えていうなら、金という実物がちゃんと現実にある、ということも信用に足る理由でしょう。

金も最初からいまほどの値が付いていたわけではありません。１９９５年から２０２４年の30年間だけを切り取っても、１グラム約１２００円から約１万２０００円へと、実に10倍もの値上がりをしています。この間に様々な経済不安や金融危機が起きるたび、安全資産としての金の価値が高まってきたのです。

その金と同じ役割を、デジタル資産であるビットコインが担おうとしている、まさに分水嶺がいまです。

ここで、装飾品や電子機器などに利用できる金と、ほとんど実際的な利用方法のないビットコインでは価値が違う、と考える人もいると思います。たしかに、ビットコインは決済手段としての機能はほぼ果たしていません。しかし金も産業利用されるのはごく一部であって、価値の大部分は安全資産の面にあります。個人で金塊を持っていても何の役にも立たないのに保有しているのは、安全資産だからです。

同じように、ビットコインが安全資産だという認識が広がれば、国や機関投資家が大量にポートフォリオに組み込み、簡単には売却しなくなるでしょう。そうなれば金に比肩するほどの価値になり、ある程度は値動きも安定するはずです。だからいまアメリカが大号令をかけている意味は極めて大きいのです。

ビットコインは、人間がプログラムしたデータですから、金塊を手にするような安心感はないかもしれません。**ですがブロックチェーンという仕組みの発明によって、そのデータが唯一無二で間違いのないものだと証明できるようになっているため、現金や現物に劣らないとする見方もあります。**

考えてみれば、私たちも現金をそのまま金庫に入れていることはほぼなく、大部分は銀行などに預けています。株や外貨への投資もスマートフォンひとつでできるようになりました。

日常生活でも電子マネーの利用が当たり前になり、キャッシュレス化はどんどん進んでいます。日本円の現物を持ち歩かず、貯蓄も円だけでなくドル建ての投資信託などに変えている人が増えてきました。本書でも後述しますが、ＮＦＴという形でアートや権利をデジタルの形で所有することもできます。

電子化の壁も国境も軽々と越えていく世代にとっては、デジタル化されたものの存在感は日増しに強まっており、これから「デジタル資産」の時代になっていくことは自然なことなのです。

このように書くと、同じデジタルでも大手企業や金融機関が管理しているものとビットコインでは、信用度がまるで違うと思われるはずです。たしかにビットコインの場合は特定の管理者が存在しません。その代わりにブロックチェーンというシステムに信用があり、システムへの理解や信用度で評価が大きく変わります。ブロックチェーンの詳細については後の章であらためて解説しますので、そちらもぜひ参照してください。

暗号資産の「価値」はどこから来るのか？

ビットコインをはじめ暗号資産の「価格」はこれまで乱高下しており、ボラティリティが高いのは事実です。しかし、価格の動きにだけ注目していると暗号資産の「本質」を見誤る可能性があります。**暗号資産の「価格」と「価値」は別と考えたほうがよいのです。**

暗号資産の「価値」とは、何より非常に多くの人が保有しているということです。口座数は日本だけでも1200万以上、世界では6・5億口座にまで拡大したと推定されています。

そもそもビットコインをはじめ暗号資産の実体はデジタルデータです。物質的な裏付けがなく、日本の民法では所有権の対象とはなりません（所有権の対象は「有体物」に限られるため）。それでもビットコインは現在、1BTC＝1250万円ほどの高値で市場において取引されています。

これは端的に言えば、「それ以上の価格で次に買う人が出てくるだろう」と考える人がいるからであり、**もし「この先、誰も買う人はいないだろう」とあらゆる人が考えれば資産価値はゼロになるでしょう**。

この理屈は、円をはじめ現代の法定通貨にもあてはまります。かつては金本位制といって金との交換が約束されていましたが、いま1万円紙幣の原価は1枚20円弱です。それでも日常生活において日本人は、「1万円」の価値があるものとして使っています。それを保証しているのは、徴税権や金融システムなどの国家の権限です。

しかし、いわゆるハイパーインフレになって「今日1万円札1枚で買えたものが、明日は2枚必要になるかもしれない」と多くの人が考えるようになれば、1万円札の価値は瞬く間に暴落するでしょう。

その点、暗号資産の資産価値は、法定通貨のように国が保証しているからではなく、取引市場において多くの人が「それだけの資産価値がある」と考えていることが

ビットコイン（BTC）の半減期

回数	日付	半減期後のマイニング報酬	半減期後の最高値	半減期後の最安値
1回目	2012年11月28日	25BTC	$1120	$12
2回目	2016年7月9日	12.5BTC	$2856	$624
3回目	2020年5月11日	6.25BTC	$58763	$9446
4回目	2024年4月20日	3.125BTC	$65352	$63520
5回目	2028年頃	1.5625BTC	–	–
6回目	2032年頃	0.78125BTC	–	–
7回目	2036年頃	0.39065BTC	–	–
8回目	2040年頃	0.1953125BTC	–	–
9回目	2044年頃	0.09765625BTC	–	–
10回目	2048年頃	0.048828125BTC	–	–

裏付けとなっています。国家の権限と市場の裏付けという違いはありますが、いずれも「信用」が支えているのです。

特にビットコインについては、プログラムによって発行上限が2100万枚にあらかじめ制限されています。2100万枚のうちすでに1980万枚が発行されていますが、2100万枚の上限に到達するのは2140年頃です。上限に達すると新たなマイニング報酬はなくなり、BTCの新規発行はストップします。

このように発行上限が決まっていることも、ビットコインの信用につながっているといえるでしょう。

実際、アメリカのトランプ大統領が２０２５年3月に署名した暗号資産を国家備蓄する大統領令でも、ビットコインとその他の暗号資産を別扱いすることとしています。同じ「備蓄」といってもビットコインは「Reserve」と位置づけられ、これまでアメリカ政府が違法取引などから没収した約20万枚のビットコインは売らずに持ち続けるだけでなく、追加的に取得する可能性もあります。一方、その他の暗号資産は「Stockpile」と位置づけられ、追加取得はせず、必要に応じて売却することもあります。

今後、ビットコインとそのほかの暗号資産については、こうした扱いの差が広がるように思われます。つまり、**ビットコインは金融商品としての性格をさらに強め、その他の暗号資産はＷｅｂ３などで利用されるトークンとしての位置づけになっていくのではないかということです。**

暗号資産のETF誕生でさらに普及が加速

現在、金の時価総額が他の金融資産を圧倒しているのは、ETF（Exchange Traded Fund）の普及などによって多くの個人投資家が参入していることも理由のひとつです。**ビットコインとイーサリアムの時価総額も、最近ようやくETFが登場したことで大きく伸びました。**

ETFとは金融商品取引所に上場している投資信託のことです。投資家は、裏付けとなる原資産を組み込んだ信託受益権を購入し、それを金融商品取引所で自由に売買できます。一口あたりの投資金額が低く、流動性も高いことから、主に個人投資家が購入しています。

アメリカでは2024年1月にビットコインの現物ETFが承認されました。また、同年4月、香港の取引所でビットコインやイーサリアムを含む、六銘柄の暗号資産ＥＴＦの取引がスタートしました。カナダ、ブラジル、オーストラリア、タイでも暗号資産ＥＴＦが上場しています。

さらにイギリスでは、5月から機関投資家向け市場にビットコインとイーサリアムの現物ＥＴＮ（指標連動証券）が上場。ドイツ、フランス、スイス、ドバイなどでも暗号資産ＥＴＮが上場しています。

暗号資産ＥＴＦとＥＴＮが認められた国々のＧＤＰの合計は全世界ＧＤＰの約50％に及びます。

かつて、金のＥＴＦが初めて登場したのは２００４年、アメリカのニューヨーク証券取引所においてでした。その後、日本の東京証券取引所にも２００８年に上場。いまや多くの国で金のＥＴＦが取引されています。

このように金のＥＴＦが広がったことで個人投資家による金への投資が容易になり、金の価格上昇と時価総額の増大へつながっていったのです。

ビットコインなどのＥＴＦが誕生してまだ1年ほどしか経っていませんが、今後、金と同じことが起こる可能性は十分あると思います。

「デジタルゴールド」としての可能性

日本でもビットコインが「デジタルゴールド」になるには、まずはETFの対象となるなど、金融資産のアセットクラスとして広く投資対象として社会に受け入れられていく必要があるでしょう。

そのためにはこれまで以上に市場における取引参加者の層が厚くなり、市場価格の変動幅（ボラティリティ）が安定することが不可欠です。また、セキュリティの安全性がよりいっそう確保され、投資家保護の仕組みが整備されることも必要です。

その先に、ようやく「デジタルゴールド」の形が見えてきます。

多くの機関投資家はポートフォリオ戦略の一環として、株式や債券などの伝統的なアセットクラスに対するリスクヘッジに金を組み込んでいます。

なぜなら、株式は景気動向の影響を受けやすく、債券は金利上昇（インフレ）によって価格が下がります。それに対して金の価格は、景気動向とも金利上昇とも直接的には関係なく、株式や債券の値動きとは一般的に逆の方向に動くとされるからです。

さらに注目すべきは、最近多くの国が金の保有量を大幅に増やしています。その大きな理由が、基軸通貨である米ドルへの信認が低下していることです。いますぐ米ドルが不安定になるわけではないでしょうが、アメリカ政府の債務残高は歴史的な水準に達しており、新興国などの間ではアメリカによる米ドルを使った制裁リスクへの懸念も広がっています。

こうした状況が今後も続くようであれば、暗号資産（特にビットコイン）が金と同じようなポジションを得ていく可能性はますます高まるはずです。実際、アメリカだけでなくスイスなどでもビットコインを準備金として活用する議論が起こっています。すぐに実現するわけではないでしょうが、注目される動きです。

いまさら始めるのは遅い？

ここまでを読んだことで、暗号資産の価値や役割の解像度が高くなれば、自分も少しビットコインなどを保有しておいたほうがいいのかもしれない、と感じる人もいるでしょう。しかし、おそらく多くの人が「それでも怪しい」と感じたり、「いまさら手を出していいものか」と躊躇してしまうはずです。

こればかりは、あなた自身が正しい情報を精査して、自ら判断するしかありません。ただし、私は、「ちょっと持っておいてみようかな」と**興味本位で余裕資産を少しだけ暗号資産に変えてみるだけでも、まずは十分だと思います。**

先日取材でご一緒した方は8BTCを保有されていました。2015年か2016年頃に買ったそうです。話を聞いてみると、その方がある著名なクリエイターからビットコインの話を聞いたときに「とりあえず持っておいてもいいか」と考えたといいます。

当時は1BTCが8万円程度。「生活に支障がないくらいなら」と10BTCを買うことにしました。

その後ビットコインが値上がりし、1BTCが40～50万円ほどになったときに、その方は2BTCを売却してとりあえず元本分を回収し、残りの8BTCをホールドしているということでした。

現状でも相当に値上がりしていますが、まだ価値が高まるポテンシャルがあるという私の考えを話すと、その方は「ちょっと怖くなってきた」と苦笑いされていました。

ご本人は「人の話を素直に聞いただけ」と謙遜されていましたが、**とりあえず支障のない範囲で新しいものにも触れてみて、なおかつ早い段階で元本分だけは確保しておくやり方は、非常にバランス感覚が優れていると感じました。**

私は政財界のいろいろな方とお話しする機会があるのですが、新しくてよくわからないものには、頑なに拒否感を示す人も少なくありません。暗号資産に関していえば、たしかに玉石混交で詐欺的なものもたくさんありましたし、交換所からの流出もあったので、「怪しむな」というほうが難しいことはわかります。警戒感を示すのはごく普通のことです。

だからこそ私は、**正しい情報を知る機会を増やして「よくわからないから、何もしない」という人を減らしたいのです。**正しく理解してアクションを起こしてくれれば、もちろん嬉しいですし、「よくわかったけど、やらない」ならばその選択も健全だと思います。

過去の起業や事業運営の経験から、人の価値観や考え方を変えるのは非常に難しいことは痛感しています。でも、そのために情報を伝え続けることはできます。

今後ますます「デジタル資産」の時代は進んでいくはずです。ちょっとしたところから、デジタル資産をポートフォリオの片隅に置いてみてほしいと思います。

例えば、いまではメルカリでの売上をビットコインで受け取るサービスなどがあります。ごくわずかかもしれませんが、こういった無理のないところから「デジタル資産」に触れてみるのもよいのではないでしょうか。

暗号資産詐欺を避ける鉄則

これから暗号資産に触れるうえで絶対に注意してほしいのが、詐欺に引っかからないことです。

残念ながら暗号資産を悪用した詐欺はいまだに横行しています。例えばこんなケースです。

SNSを通じて知り合った人から「暗号資産に投資してお金を増やさないか」と誘いがきます。**紹介された海外のサイトで実際に投資してみると、たしかにサイト上では驚くほど増えていました**。どんどん資金を突っ込んでいくと、みるみる残高が増えていきます。

ところが、**残高を引き出そうとすると、何百万円もの手数料がかかると言われてしまいます。**なんとか手数料を工面して入金したものの、結局引き出すことができません。紹介してくれた人のＳＮＳアカウントは消え、音信不通に。実際に運用されていたのかさえ疑わしく、元金もろとも失ってしまいました。

このような典型的な詐欺の実例は、金融庁や国民生活センターのＷｅｂサイトでも公開され、強く警鐘が鳴らされています。**こんなことで騙されるのか？　と思う人もいるかもしれませんが、実際に被害者は少なくないのです。**

詐欺を回避する鉄則は次の３つです。

①　日本の金融庁登録の暗号資産交換業者に限定する

日本国内で暗号資産の売買および保管ができるのは金融庁登録の暗号資産交換業者に限定されています。暗号資産交換業者は金融庁Ｗｅｂサイトで登録一覧が開示されていますから、必ず登録業者と取引するようにしてください。**暗号資産交換業者ではないものが暗号資産の売買を提案することは違法です**。もし皆さんに話をしてくる人がいたら、その人は詐欺師です。

② 日本で取扱承認が取れた暗号資産だけを購入する

日本では暗号資産交換業者が取り扱う暗号資産について、一定の審査プロセスを設けています。**日本で取扱承認がされた暗号資産については、ＪＶＣＥＡのＷｅｂサイトに一覧の記載があります**。こちらに記載のもの以外は取引をしないでください。

③ 暗号資産の管理を他人に任せない

原則として、金融庁登録の暗号資産交換業者に預けることを推奨します。間違っても、**よく分からないからといって他人に暗号資産の管理を任せたりしないようにしてください**。

いずれにせよ、個人間でのうかつな取引や金銭のやりとりはご法度です。ごく当たり前のことなのですが、暗号資産の技術や仕組みをよく分からずに「億り人」のようなニュースばかり耳にしていると、本当に大儲けできると思い込んでしまう人もいるのです。

今後、暗号資産は日本でも金融商品として位置づけられ、金商法の枠組みの中で取り扱いが整備されていく見込みです。どんな金融商品でも「必ず儲かる」などということはあり得ません。**企業の株と同じように、きちんと承認された暗号資産を一つの事業として検討し、将来の価値を判断してほしいと思います。**

「ミームコイン」は要注意

暗号資産には様々なタイプがあります。そのひとつが「ミームコイン」です。

ミーム（meme）とは、インターネット上で拡散され、話題となったネタ的なコンテンツのことです。ミームコインも、そうしたネタ的なテーマに基づいて発行される暗号資産で、**経済的な目的というよりは、仲間内で盛り上がったり、ファン向けのノベルティとして利用されることが多いものです**。

通常はとりたてて注目されることもないのですが、時として暗号資産交換所で大きく値上がりする場合があります。

例えば、アメリカの「ドージコイン（DOGE）」は、柴犬のミーム画像「Doge」をモチーフにして2013年に誕生しました。

これまでTikTok動画や著名人の発言によって10倍以上に値上がりしたかと思うと、すぐ反動で急落するといったことを繰り返しています。2021年にはイーロン・マスク氏が言及して話題になったこともあります。

最近では、トランプ大統領の一族が運営するトランプ・オーガニゼーションの関連会社が、トランプ氏の公式暗号資産として「$トランプ」を発行しました。「$トランプ」は大統領就任前に発行されたとき7ドル台だったものが一時75ドル、時価総額

ドージコインのウェブサイト

出典：https://dogecoin.com/

は150億ドル（約2兆3000億円）に膨らみ、メラニア夫人の公式暗号資産「$メラニア」の発行も始まりました。

現在、ミームコインの市場規模はかなり大きなものになっていますが、技術的にレベルの低いものや詐欺的なケースもあり、暗号資産の一種とはいえ通常の「投資」の対象とはなりにくいでしょう。

ちなみに、「$トランプ」はその後、20ドルを下回っています。

第2章

日本も「デジタル資産」とWeb3のトップランナーを目指せ

日本は暗号資産政策で出遅れている

世界では金に替わるデジタル資産の普及が着々と進んでいます。

しかし、日本ではどうでしょうか？　残念ながら、普及どころか市場が冷え込んでいるのが現状です。

ビットコインを含む暗号資産の時価総額は現在、全世界で409兆円程度とされる一方、日本の暗号資産交換業者に預託されている総額は5兆円余りです。

私は暗号通貨政策で遅れをとっている状況が、今後資金の海外流出を招くのではないかという危機感を持っています。

日本ではまだ暗号資産のＥＴＦはありません。それ以前に、**最大55％の税金が売却益に課せられるという税制が投資家にとって負担になり、投資のハードルが高くなっ**

てしまっています。

現在、暗号資産に関わる利益は個人の場合、雑所得に分類され、他の所得と合わせて10～45％の累進課税方式で所得税がかかります（そのほかに住民税10％、復興特別所得税0・315％）。一方、預金金利のほか、債券、株式、投資信託、FXなどの収益は一律20・315％（所得税15％、地方税5％、復興特別所得税0・315％）の申告分離課税方式になっており、暗号資産は明らかに不利です。

この税制の問題がクリアされなければ、ビットコインETFなどが登場することもありません。一般的にETFは個人の場合、利益に対する所得税等は20％の申告分離課税が適用されます。しかし、暗号資産の利益は雑所得として累進課税となるため、ETFだけが認められると暗号資産現物と暗号資産ETFに大きな差が生じてしまいます。

また、レバレッジ（証拠金取引）が2倍に抑えられていることも議論すべきテーマです。

現在、金融庁に登録した暗号資産取引所において暗号資産の取引を行う場合、口座に預け入れた証拠金の2倍までレバレッジが認められています。レバレッジは資金効率を上げ、下落相場でも利益を狙えるなどの効果が期待できる仕組みです。

かつてはレバレッジが25倍まで認められていましたが、２０２０年の法改正で2倍に変更されました。これで何が起きたかというと、日本国内におけるビットコイン取引量の激減です。**いま、日本の市場が小さくなったのはレバレッジが原因だと考えられます**。

仮に今後、日本で暗号資産ＥＴＦが解禁されたとしても、いまのレバレッジのままでは流動性が低いため、海外に資金が流れてしまう恐れがあります。

レバレッジの規制については投資家保護の観点も無視できませんから、やみくもに上げればいいとは思いません。ただ、法人のレバレッジは10倍まで認められている事実があります。これはボラティリティなどからリスク比率を計算した結果ですから**「個人のレバレッジも法人同水準の10倍程度にする」というのが私の主張です**。

実際に法人がレバレッジを最大限活用しているケースでも、いまのところ事故は起きていません。暗号資産交換業者がより厳密なロスカットシステム等を導入すれば、未収金発生や追証などのリスクをさらに逓減することが可能なはずです。

ちなみに他の金融商品では、株式（信用取引）が約3・3倍まで、FX（証拠金取引）が25倍まで（個人の場合）となっており、かなり差があります。

FXとの比較でいうと、利用者の預託金はFXが2兆6000億円、暗号資産が約5兆円と暗号資産のほうが2倍弱あるものの、**年間取引金額はFXが1京2000兆円なのに対し、暗号資産は13・2兆円しかありません。**この大きな要因がレバレッジの差なのです。

レバレッジを上げることは、取引市場の流動性を高めることにつながります。流動性が高いと投資家は買いの際にはより安く、売りの際にはより高く約定できるようになります。特に大口投資家はより流動性の高い市場を選んで取引する傾向があります。

現在、政府与党や金融庁では暗号資産のレバレッジについての議論が行われていますが、課税方式の変更やＥＦＴの登場に比べ、今後の見通しはまだはっきりしません。

しかし、大きな流れとしてはいずれ、レバレッジの引き上げが行われると個人的には見ています。**アメリカのビットコインＥＴＦは実質レバレッジが４倍程度です**。もし、日本において暗号資産のレバレッジが10倍になれば、海外の投資家にとっても日本のほうが効率が良いという理由から、資金が流れ込む可能性が高まります。

日本がトップランナーに返り咲くチャンスが来ている

このように、現状の日本はビットコインをはじめ暗号資産を巡る投資環境の整備や政策面で、アメリカ等の海外諸国に遅れている面があると言わざるを得ません。ただ、私はここから日本が「デジタル資産」そして「Ｗｅｂ３」の分野においてトップランナーに加わるチャンスがあると考えています。

そもそも、**過去に暗号資産の普及がいち早く進んでいた国は日本でした。**

特に2017年から2018年にかけて、日本はビットコインの取引において実に世界の約5割を占めていたのです。当時まだ曖昧だった暗号資産を世界で初めて法的なルールのもとに置き、安心して取引できる市場を世界に先駆けてつくったのが日本でした。そのため海外から資金が一気に流入したのです。

ただ、残念ながらその後、取引所からの不正流出事件などもあり、日本で暗号資産は冬の時代に入りました。暗号資産に関わっていた起業家や投資家の中には、より良い環境を求めて海外へ資産を移したり、移住したりしたケースもありました。

なぜこんなことになったのか、ビットコインのこれまでの経過を振り返ってみましょう。

キプロスショックでビットコインの価値が急上昇

ビットコインは誕生した当初、少額決済のツールでしかありませんでした。いままでいうPayPayのようなものを想定してつくられたわけです。

初めてビットコインが支払いに使われたのは2010年5月のことです。ビットコインの運用に参加し、マイニングによってビットコインを保有していたプログラマーがピザ2枚を注文しました。さて、ピザ2枚に当時どのくらいのビットコインが必要だったと思いますか？

当時の価格で41ドルというピザ2枚に、なんと1万ビットコインを支払ったそうです。2025年3月時点で1万ビットコインといえば数億ドル～10億ドルですから、この15年間の成長率にはあらためて驚かされます。

誕生から3年ほどビットコインは、数円～数百円で推移していました。

それが大きく変わったのが、2013年です。いったい何があったのでしょうか。

2013年3月、地中海東部の小国キプロスが金融危機に陥りました。いわゆるキプロスショックです。

当時EUが金融支援に乗り出しましたが、その代わりにキプロスには様々な条件が示されました。キプロス国内の銀行預金の引き出しが制限され、さらに預金には最大9.9%もの課税がなされる、という条件にキプロス政府は合意します。

国民は反発しました。議会前ではデモが行われ、銀行には預金を引き出そうと預金者が殺到。ATMから現金が枯渇するほどの事態になります。

さらに、反発したのは国民だけではありませんでした。キプロスの銀行にはロシア人が多額の預金をしていたのに、ロシア側の意見を聞かないまま引き出し制限や預金課税が決められてしまったため、批判の声が上がったのです。

こうした事態の中で、銀行に置いておけなくなった資産の逃避先として目をつけられたのがビットコインでした。 世界初の取引所であるマウントゴックスが誕生したり、米『TIME』誌で特集されたりしたことで、徐々にビットコインの知名度は上がっていたのです。そして実際にビットコインを購入する人が続出し、1BTCが約4500円にまで急上昇。**ここで、PayPayのような小口決済ツールのつもりでつくられたビットコインが、デジタル資産としての役割を持ち始めたといえます。**

「億り人」ブームの背景

2013年末、日本ではNHKの特集でビットコインが取り上げられたことで関心が高まり、取引価格は一時1BTC＝10万円を超えました。

しかし2014年2月、当時としては世界最大の暗号資産交換所を日本で運営していたマウントゴックス社で大規模な不正流出事件が発生。その結果、ビットコインの価格は1BTC＝4〜5万円台に低迷することになりました。

次にビットコインが注目を浴びたのは2016年のことです。同年5月に日本の伊勢志摩でG7サミットが開催され、資金決済法が改正されました（施行は2017年4月）。具体的には、**暗号資産（仮想通貨）について世界で初めて法律で定義するとともに、暗号資産交換業者に対する登録制の導入などについて定めたのです。**

これは国際的に問題となっていたマネーロンダリング対策に積極的に取り組む姿勢を見せるためだったといわれており、もともと金融庁はビットコインに慎重姿勢でした。そういう意味では日本政府の意図と市場の受け止め方にはズレがありましたが、いずれにせよ暗号資産に関する法的な制度が整備されたことで、海外から資金が流入したのです。

また、新しい法律に基づいて登録した暗号資産交換業者が積極的にテレビCMを行うようにもなりました。その結果、ビットコインは再び大きく上昇。2017年末には1BTC＝200万円を超えるまでになり、個人投資家の中にはいわゆる「億り人」が続出しました。するとテレビでも「億り人」が取り上げられるようになり、認知度がさらに拡大。短期トレードの儲け話という側面が強かったものの、とにかく日本では仮想通貨ブームの様相を呈していました。

なぜ流出事件が続出したのか

しかしその後、ブームは再び一気に終息します。流出事件が相次いだためです。

2018年1月には仮想通貨取引所のコインチェックが外部からハッキング攻撃を受け、580億円相当の仮想通貨「NEM（ネム）」が流出する事件が発生しました。

2019年7月には、私が立ち上げた仮想通貨取引所のビットポイントジャパンでも約30億円の仮想通貨流出事件が発生してしまいました。原因としては、保守用サーバがハッキングされ不正侵入された可能性が高いと考えられました。ビットポイントジャパンは事件後、流出した顧客預かりの暗号資産について、すべて払戻しに応じるとともに、以後はコールドウォレット（オフラインでの管理）で保管する体制に移行し約

2013年から2017年にかけてのビットコインの値動き

2017年の1月にはビットコインが10万円を超えたことで話題に。

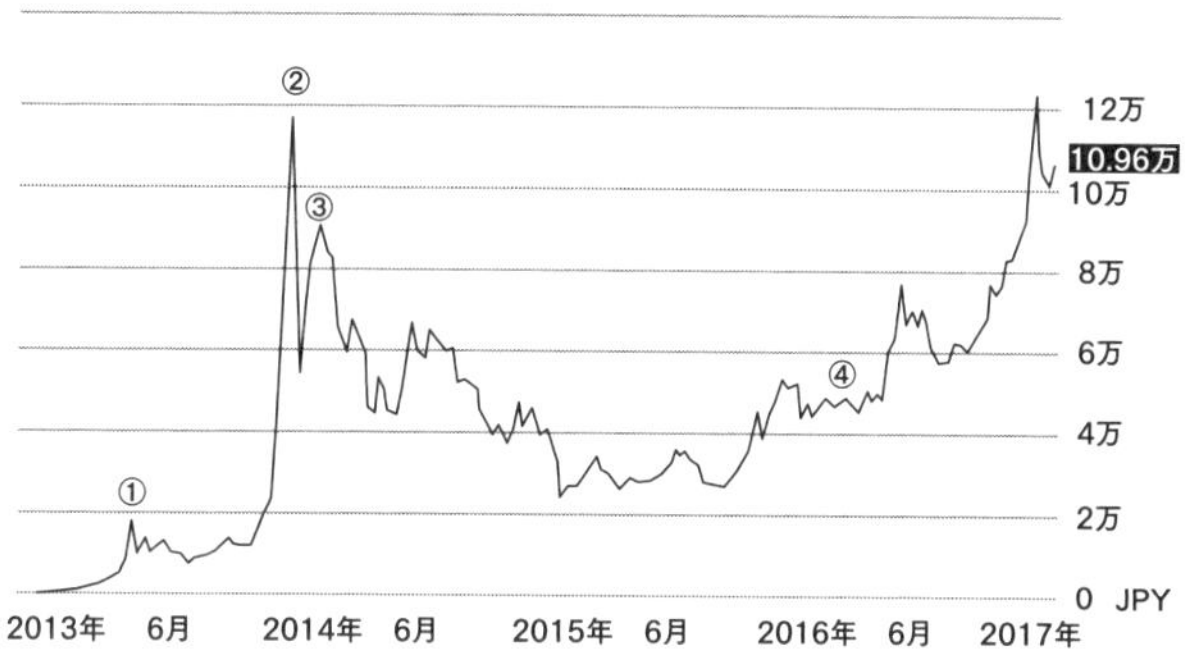

①キプロスショック
②NHKのビットコイン特集
③マウントゴックス事件
④資金決裁法が閣議決定され、メディアで特集が組まれる

半年後にサービスを全面再開しました。

このような事件が続き、日本では暗号資産の相場が低迷、冬の時代を迎えました。一時は「億り人」ブームで大騒ぎだったのですが、一転して流出、盗難、急落といったネガティブワードが飛び交うようになり、当然、「やっぱり危ない」「怪しい」というムードに染まっていきました。

そもそも、なぜ暗号資産が流出してしまうのかというと、取引所のセキュリティが破られたからです。**事件が起きると暗号資産のシステムが脆弱であるかのような印象を持つ人も少なくないのですが、実際は暗号資産自体は堅牢で、取引所の問題なのです。**現金に例えるなら、偽札をつくられたりしているのではなく、金庫が開けられてしまったようなものです。

ここは大きな違いなのですが、結果として流出しているのですから、利用者からすると「暗号資産は安心して持てない」と思われても仕方がありません。**しかしながら現在は、暗号資産のほぼすべてがコールドウォレットで保管されており、ハッキング**

被害のリスクが格段に小さくなったことは知っておいていただきたい事実です。

「決済」手段から「投資」対象への大転換

この間、世界ではビットコインが「デジタル資産」としての地位を着々と築いていました。

ビットコインの取引価格はこれまで、アップダウンを繰り返しながら、基本的には上昇トレンドを描いてきました。しかし、より重要なことはビットコインをはじめ暗号資産の扱いや性質が大きく変わってきたことです。

前述のとおり、当初は少額決済のために考案されたビットコインですが、**実際には決済手段としてはほぼ使われていません。**日本でもブームの頃に、大手家電量販店などがビットコインでの支払いに対応するなどしましたが、いま皆さんの周りでビットコインで支払っている人は、おそらくいないでしょう。

ビットコインなどの暗号資産は、決済には使いにくいと言わざるを得ません。**まず決済に時間がかかるのが弱点です**。暗号資産の取引がブロックチェーン上に記録されるまでには、ある程度の時間を要します。ビットコインであれば10分ほどです。普段使っている現金や電子マネー、あるいはクレジットでの決済のほうがはるかに速いので、日常的にビットコインで支払うのは現実的ではありません。

また、イーサリアムに顕著ですが、多くの人が決済で使うようになると、取引の承認待ちデータが渋滞を起こしてしまいます。そうすると、速くブロックチェーンにつないでもらうためにかかる手数料（ガス代といわれます）も跳ね上がります。

もうひとつ、暗号資産は法定通貨との交換レートが大きく変動するというのも、決済に使いにくい理由です。これを金融の専門用語では「ボラティリティが高い」といいます。同じ価格の商品でも、支払いに必要なビットコインの数量がコロコロ変わるようでは困ります。

こうしたことから、ビットコインをはじめ暗号資産は少額決済に使われることはほとんどなく、緊急時の送金や資産逃避に用いられるツールとして注目され、その後は値上がりを狙った「投機」の対象（個人的には取引市場の流動性を確保する点から投機筋の存在は重要だと考えます）、そしてさらにいまは資産運用における「投資」の対象（金融資産）へと変化しつつあるのです。

本書の「はじめに」でも述べましたが、**2019年のアメリカではすでにビットコイン取引の約半数が機関投資家によるものだと聞いて私は驚きました。**個人投資家がほとんどであった日本の状況とはまるで違ったからです。

ビットコインなどの暗号資産が、投資対象の金融資産に変化していくと私が考えるようになったもうひとつのきっかけは、フェイスブック（現在のメタ）が計画した「リブラ（Libra）」の発行が断念に追い込まれたことでした。当時はまだ、専門家の

暗号資産の扱い・性質の変遷

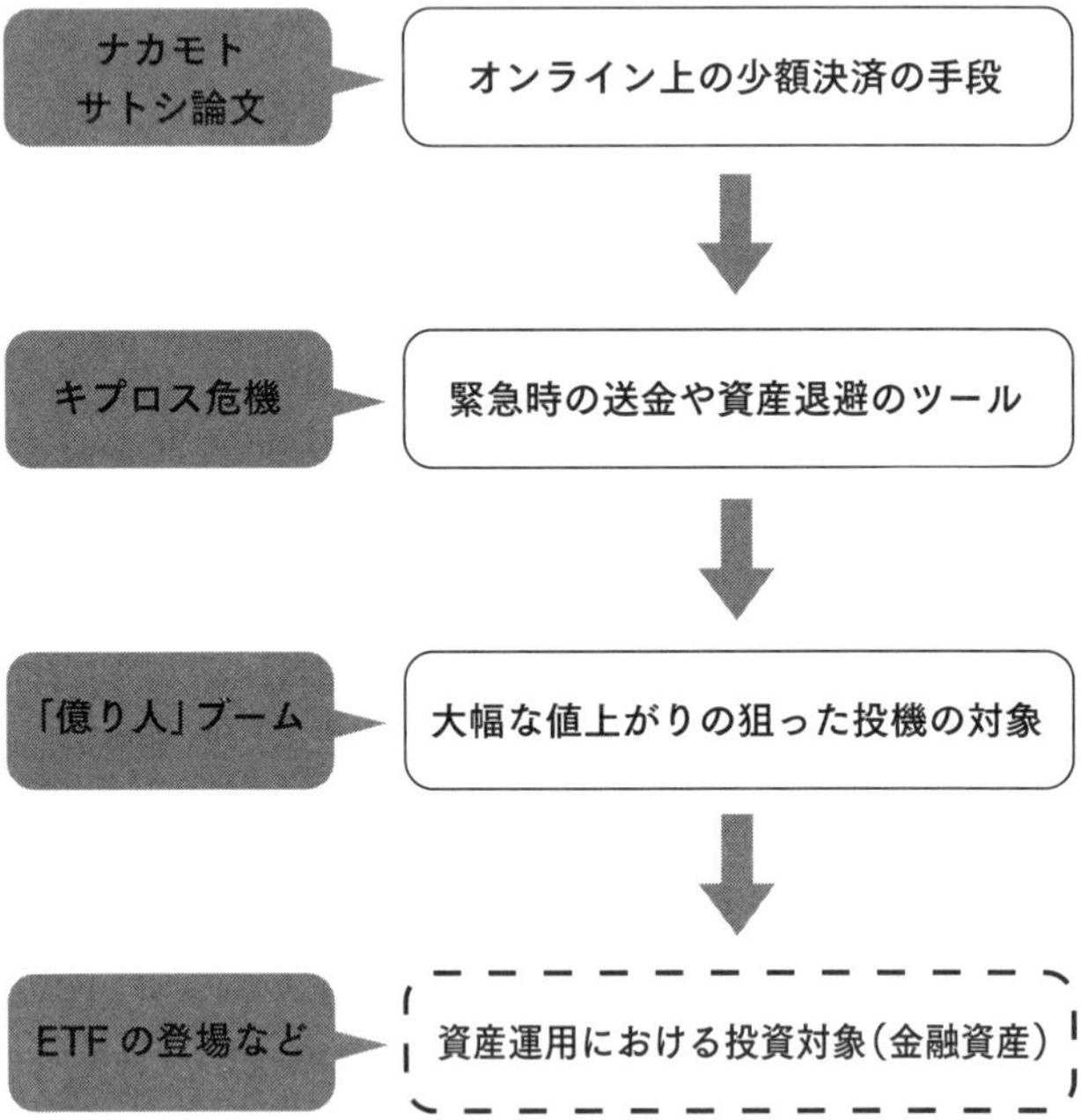

間でも暗号資産（仮想通貨）は新しい決済手段であるという認識が主流でしたが、その可能性は限りなく小さくなり、とすれば別の扱われ方、すなわち投資対象になっていくはずだと予想できたからです。

フェイスブックは2019年6月、銀行口座がないなどの理由で金融サービスを受けられない人たちのための「世界的な金融インフラ」としてリブラ構想を発表しました。この構想にはテクノロジーや金融分野の有名企業が協力を表明し、大きな注目を集めたのです。

しかし、欧米各国の政府はリブラが法定通貨の地位や金融システムの安定を脅かすものとして警戒し、資金洗浄（マネーロンダリング）やプライバシー侵害を懸念する声も強まりました。

フェイスブックは当初、2020年としていたリブラの開始時期について延期を繰り返し、結局は各国政府から同意を得ることは難しいとして、同年2月に計画中止に追い込まれました。

なお、いまも法定通貨に近い性格を持っている暗号資産として、「ステーブルコイン」があります。例えば、アメリカドルと連動したテザー（USDT）、USDコイン（USDC）が代表的です（法定通貨と直接、連動しないタイプもあります）。

これらはブロックチェーンを利用したWeb3サービスの支払いなどで一定のニーズがあり、時価総額の上位にも入っています。ただ、リブラのように法定通貨に取って代わる存在になるとは思えません。

政府が暗号資産とWeb3を成長戦略に

こうして世界がデジタル資産へ舵を切る一方で、日本国内の暗号資産市場はすっかり冷え込んでしまったわけですが、数年前から風向きが変わってきました。

第一に日本の政府は、暗号資産やWeb3を成長戦略の中に位置づけ、法律や税制の見直しを進めています。最近では、石破政権のデジタル大臣に、自由民主党の

国内における暗号資産口座数の推移

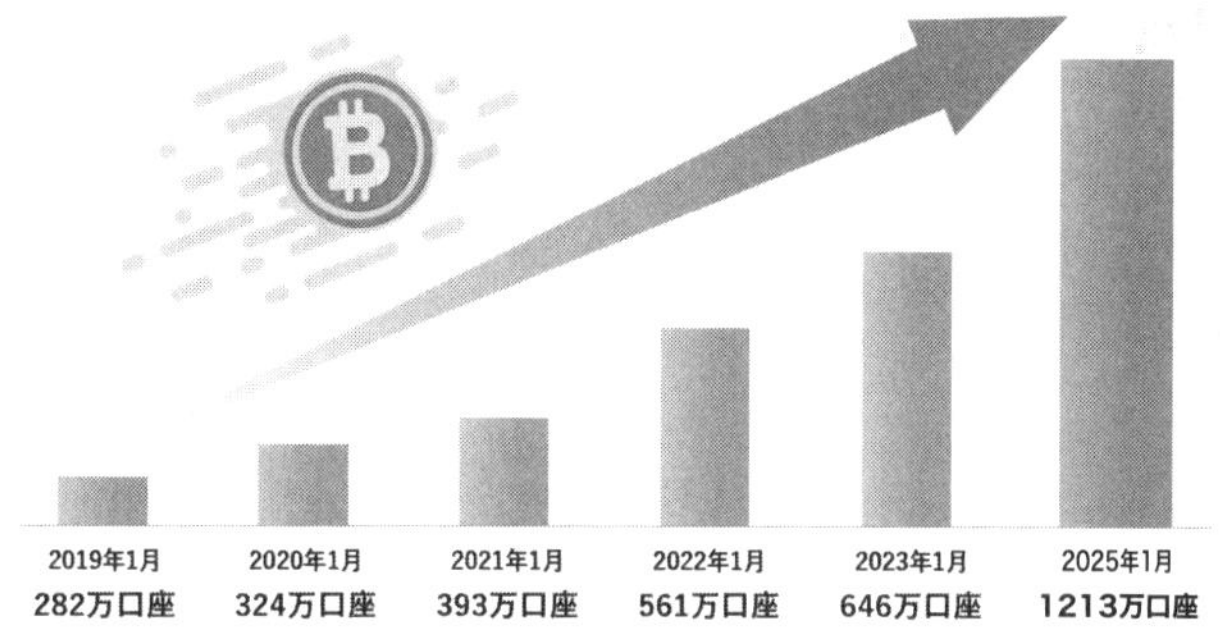

出典：一般社団法人日本暗号資産等取引業協会資料

Ｗｅｂ３プロジェクトチーム座長であった平将明議員が入閣しました。平議員は２０２２年からチームを牽引し、初代デジタル大臣であった平井卓也議員と協力して、Ｗｅｂ３の指針を定めるホワイトペーパーを取りまとめてきた方です。このホワイトペーパーは、**日本がＷｅｂ３時代における競争力を強化するための基本戦略を示している重要な文書です。**

第二に、日本国内において暗号資産の口座数は２０２５年１月時点で１２１３万となり（日本暗号資産等取引業協会調べ）、知らず知らずのうちに、暗号資産は日本社会に普及しつつあるのです。

口座の内訳では個人投資家が9割以上を占めており、一人で複数の口座を持つケースもあるでしょうが、単純計算で10人に1人の割合になります。属性としては男性が多く、30代男性・20代男性・40代男性の順です。投資経験者の7％以上、またネット証券利用者の10％以上が暗号資産投資をしています。

また、ＭＭＤＬａｂｏが運営するＭＭＤ研究所が公表したネット調査（２０２５年１月）では、現在投資をしている人の割合は22・８％で、投資先（複数回答）は投資信託（62％）がトップ。国内株式（60・７％）、外国株式（20・４％）、債券（16％）に続き、暗号資産が14％で５位に入っています。

暗号資産の取引を始めた時期としては、２０２３年～現在が20・７％で最も多く、次いで２０２１年～２０２２年が19・６％となり、合計で４割を超えます。

取引を始めた理由（複数回答）としては「将来性に期待しているから」（26・６％）が最も多く、次いで「資産の分散投資を考えたから」（20・３％）、「長期的な資産形成をしたいから」（18・６％）が続きます。

暗号資産取引をしている人の傾向

暗号資産（仮想通貨）の取引を始めた理由（n=2,351、複数）

※MMD研究所調べ

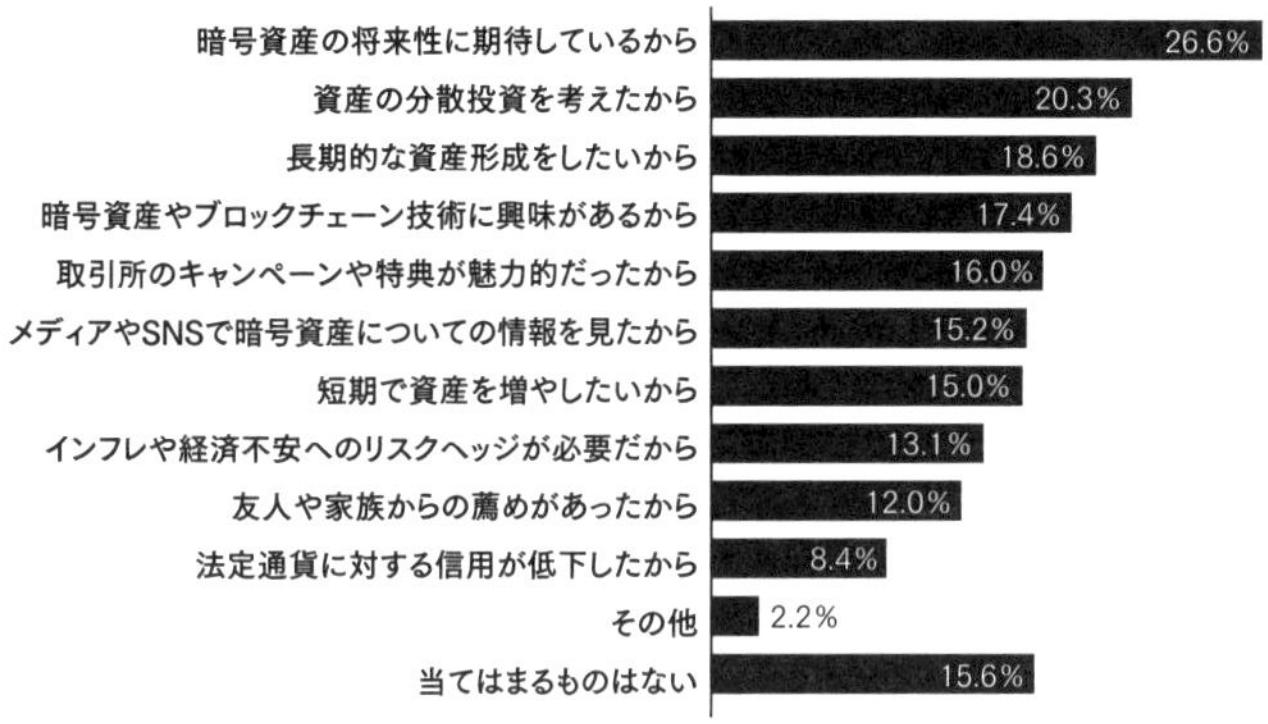

今後の暗号資産（仮想通貨）の取引意向（n=2,351、複数）

※MMD研究所調べ

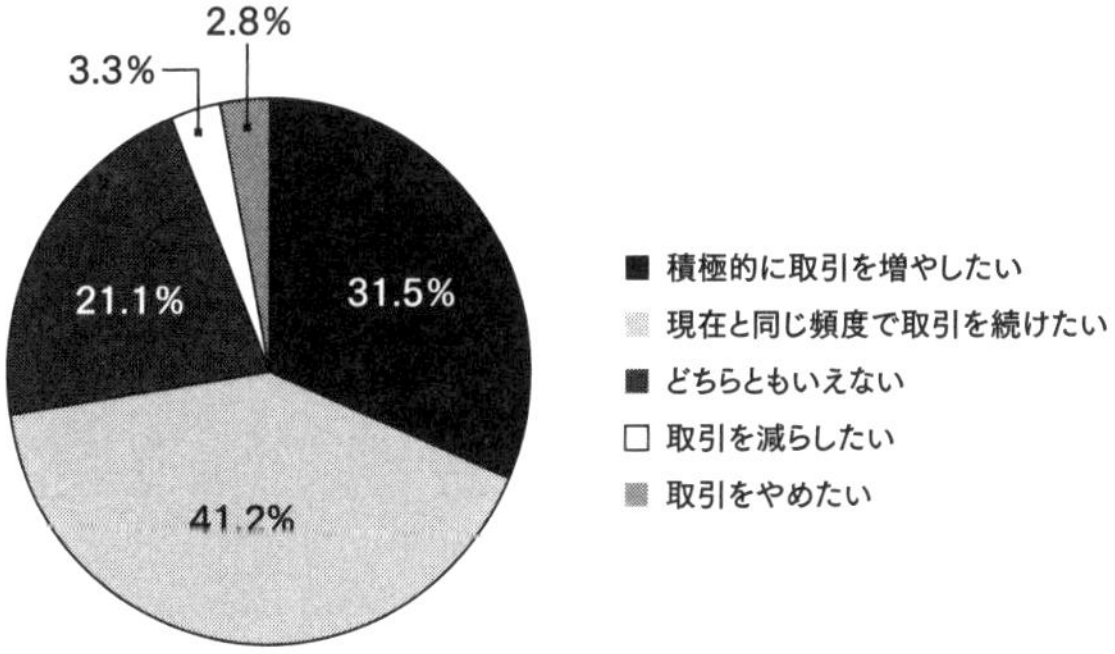

出典：MMD 研究所「2025 年暗号資産（仮想通貨）の取引動向に関する調査」

ビットコインなど代表的な10銘柄の保有額は「1万円未満」が20～30％ほどにとどまりますが、今後について「積極的に取引を増やしたい」が31・5％あります。

こうしたデータからは、**資産のデジタル化に抵抗が少ないであろう若い世代が、やはり積極的に投資しており、暗号資産が日本でもデジタル資産として運用のポートフォリオに入り始めていることが伺えます。**

このように投資環境の整備の遅れと個人の投資意向にはギャップがあるわけですが、ここまでに述べた投資の阻害要因を取り除くことができれば、暗号資産の普及がさらに大きく加速すると私は考えています。

あらためてまとめると次の三つです。

①　暗号資産に関わる収益の分離課税方式への変更

②　暗号資産ＥＴＦの導入

③ 暗号資産取引におけるレバレッジの拡大

例えば税制の変更については報道で見聞きしている方も多いのではないでしょうか。すでに政府および金融庁で議論が行われており（私も関係者として参加しています）、早ければ２０２６年から暗号資産についても他の金融資産と同じように一律20％の申告分離課税に変更される見込みです。そうなれば、いまは認められていない暗号資産の取引による損失の繰り越し控除も可能になります。

こうした税制改正によって、海外へ流出していた大量の暗号資産が国内に回帰する可能性が十分にあるのです。

また、暗号資産ＥＴＦの承認には法律改正は必要なく、投信法施行令の改正だけで制度面の対応が可能です。そのため、暗号資産の収益が申告分離課税に変更されれば、ほどなく日本国内でもビットコインなどのＥＴＦが登場するでしょう。ＥＴＦが登場すれば、暗号資産への投資が多くの個人投資家にとってより身近なものになるの

暗号資産の取引が爆発的に増える三つの理由

1
利益に対する課税方式の変更
→最高55%の総合課税から、20%の申告分離課税になり、手取りがアップ

2
ETFの登場
→ビットコインなどを組み込んだETF(上場投資信託)により、小口投資が可能に

3
レバレッジの引き上げ
→現在2倍のレバレッジが引き上げられることで、投資効率が改善

は間違いありません。

そこまで状況が進展すれば、遅かれ早かれ政府も暗号資産取引におけるレバレッジ拡大に向けて動き始めるはずです。

「暗号資産」の名称について

もうひとつ、日本における暗号資産の普及を進める条件を加えるとしたら、私は名称の変更を挙げます。

仮想通貨や暗号資産という呼び名に、あなたはどのようなイメージを持つでしょうか？　仮想、暗号などといわれると、いかにも怪しげな響きがないでしょうか。**私はこれを「デジタル資産」あるいは「デジタルアセット」と呼ぶべきではないかと考えています。**

本質的な議論とはズレてしまうのですが、言葉が与えるイメージの影響力は非常に大きいと私は思います。日本では２０１６年に改正された資金決済法において、「仮想通貨」として定義されました。

その後、Ｇ20などの国際会議において「Crypto Assets（暗号資産）」という呼称が一般的になってきたことなどから、2019年に「暗号資産」への変更などを盛り込んだ資金決済法などの改正案が成立しました。それ以来、法的には「暗号資産」が正式名称となっています。ただし、法律上の「暗号資産」には明確な定義があり、一般的に用いられている「暗号資産」とはズレもある点には注意が必要です。

このように公に定義された言葉なので正しいわけですが、専門ではない人たちからすれば、暗号とはどういうことなのかなど、よくわからないのではないでしょうか。

私が名称の変更を提案するのは、決して悪いイメージを言葉でごまかそうというわけではありません。これからより普及させていこうとするならば、「デジタルな資産なのだ」ということを名称から意識できるようにしたほうがいいという考えです。

COLUMN 1

「暗号資産」に対する政府見解と法的規制

日本ではこれまで暗号資産に対する政府見解や法的規制が順次、整備されてきており、その過程で名称の整理も行われてきています。その結果として、日本は暗号資産の取引市場として、世界的にもかなり明確なルールのもとで暗号資産やWeb3のビジネスを展開できるという特徴があります。

政府見解としては、2014年にビットコインを巡って「貨幣ではない」「有価証券や債権ではない（権利性がない）」「所有権の対象ではない（有体物ではない）」としつつ、「情報価値であり取引は可能」「課税の対象になる」と整理されました。

そして2017年、改正資産決済法で「暗号資産」は次のように定義されました。

> 一　物品等を購入し、若しくは借り受け、又は役務の提供を受ける場合に、これらの代価の弁済のために不特定の者に対して使用することができ、かつ、不特

定の者を相手方として購入及び売却を行うことができる財産的価値であって、電子情報処理組織を用いて移転することができるもの
二　不特定の者を相手方として前号に掲げるものと相互に交換を行うことができる財産的価値であって、電子情報処理組織を用いて移転することができるもの

一は「一号暗号資産」と呼ばれ、ビットコインやイーサリアムなどが当てはまります。二は「二号暗号資産」と呼ばれ、ビットコインやイーサリアムなどと交換できるトークンなどが想定されています。こうした「暗号資産」の交換業を営むには、内閣総理大臣の登録が必要とされました。

その後も、「暗号資産」に関する規制が整備されていき、２０１９年の金融商品取引法の改正では、当時問題となっていた新規の暗号資産を発行して資金調達を行うＩＣＯ（Initial Coin Offering）という手法に対して、投資的性格を持つものと、そうでないものを分け、投資的性格をもつＩＣＯはＳＴＯ（Security Token Offering）として規制されることになりました。

さらに2022年6月に成立した改正資金決済法では「電子決済手段」の規定が新設され、ステーブルコインが対象とされました。

このように、日本の暗号資産に関する法的な制度は世界的に見て最も整っていると言われ、暗号資産の取引における日本の強みとなっています。

ちなみに米国では、証券取引委員会（SEC）や商品先物取引委員会（CFTC）、また州ごとの規制機関があり、これまではケースバイケースで対応してきました。トランプ政権はそうした状況を改善する意図があると思われます。

これだけは知っておきたい「デジタル資産」と「Web3」の定義

なお、暗号資産とWeb3については様々な定義や説明がありますが、ここで本書における「デジタル資産」と「Web3」、さらに「ブロックチェーン技術」の定義を整理しておきます。

まず、押さえておかないといけないのは、すべては2008年にナカモトサトシなる謎の人物が提案した「ビットコイン」から始まっていることです。ビットコインはその市場価格に注目が集まりがちですが、**ビットコインによって従来からあった暗号技術などを組み合わせた画期的なブロックチェーンの仕組み（ブロックチェーン技術）が発明され、そこから「デジタル資産」も「Web3」も生まれたのです。**

「デジタル資産」は、ブロックチェーン技術によって資産的価値を持つことができ

本書におけるデジタル資産とWeb3の整理

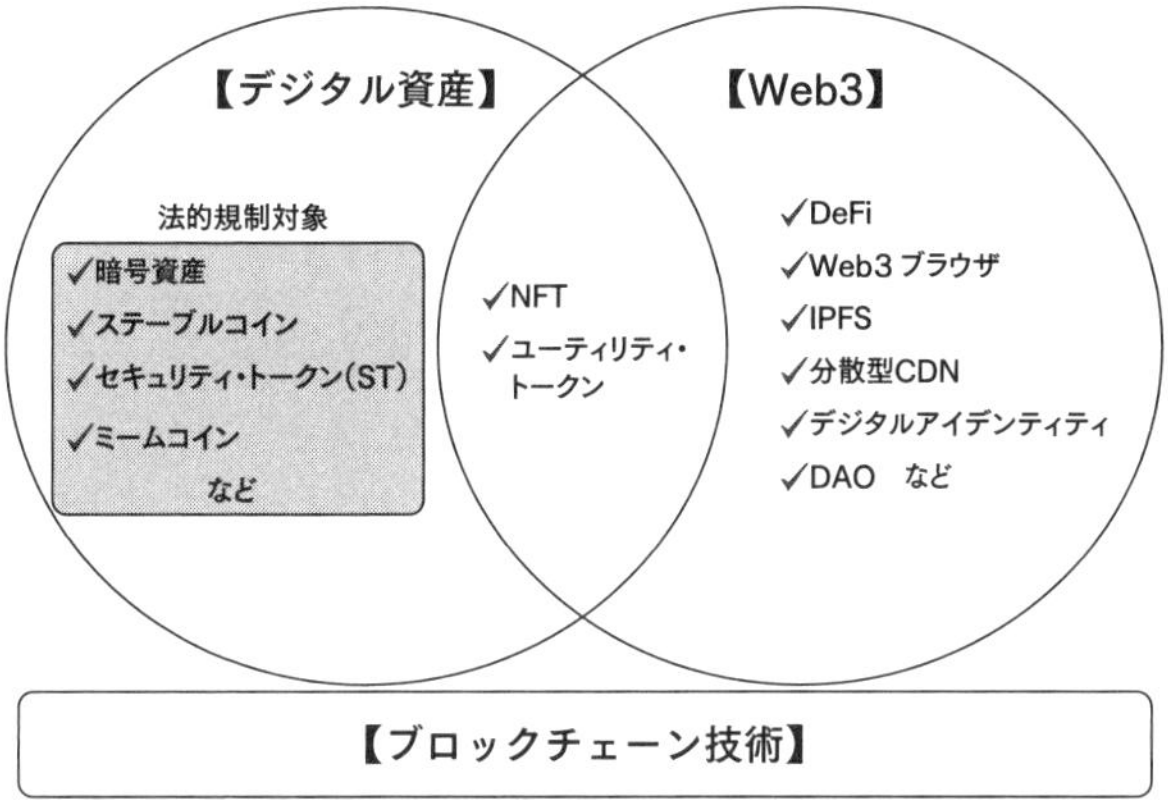

るようになったデジタルデータです。

デジタル資産のうち、中心となるのは「暗号資産」です。ビットコインとイーサリアムなどいくつかの暗号資産は取引規模と時価総額が大きく、金融商品の一種として確固たる地位を築いています。

そのほか、法定通貨と連動した「ステーブルコイン」、有価証券として扱われる「セキュリティ・トークン」、趣味的なテーマに基づく「ミームコイン」、現物資産を裏付けにした「RWAトークン」、Web3のサービスとセットになった「ユーティリティトークン」などもあります。
「Ｗｅｂ３」はデジタル資産と同じようにブロックチェーン技術をベースとした、インターネット上のサービスやプロジェクトです。**特に「Ｗｅｂ３」で鍵を握るのが、スマートコントラクトです。**スマートコントラクトは、ビットコインと並ぶ暗号資産である「イーサリアム」において考案された仕組みです。

イーサリアムは２０１５年にリリースされましたが、その大元をつくったのはロシア系カナダ人の天才プログラマー、ヴィタリック・ブテリン氏です。ブテリン氏は学生時代に『ビットコインマガジン』を創刊するなどビットコインに詳しく、早くからブロックチェーン技術のより大きな可能性を認識していました。そこからスマートコントラクトのアイデアが生まれたのであり、「Ｗｅｂ３」の世界はイーサリアムによって開かれたといっていいでしょう。また、Ｗｅｂ３のサービスやプロジェクトの多くではユーティリティ・トークンと呼ばれるデジタル資産が発行され、これを使ってそれぞれの経済圏を構成する点にも大きな特徴があります。

暗号資産を含む「デジタル資産」と「Ｗｅｂ３」は〝別のもの〟というイメージが

あるかもしれませんが、実は両者は深くつながっており、多くの部分で重なっているのです。

「Web1」から「Web2」「Web3」への流れとは？

「デジタル資産」と「Web3」は日本を大きく変えるきっかけになるというのが私の確信です。「デジタル資産」についていえば暗号資産を中心に資産運用における新たな選択肢として広く利用されるようになるはずです。

それ以上に大きなインパクトを秘めているのが「Web3」です。新しい試みや工夫が毎日のように登場しており、ある種の興奮状態にあるといっても構いません。その分、全体像がつかみにくかったり、専門用語が多いことから、いまひとつよく分からないという人も多いのではないでしょうか。

ここでは、Web3を巡る基本的な概念から整理しておきたいと思います。

Web1からWeb3への流れ

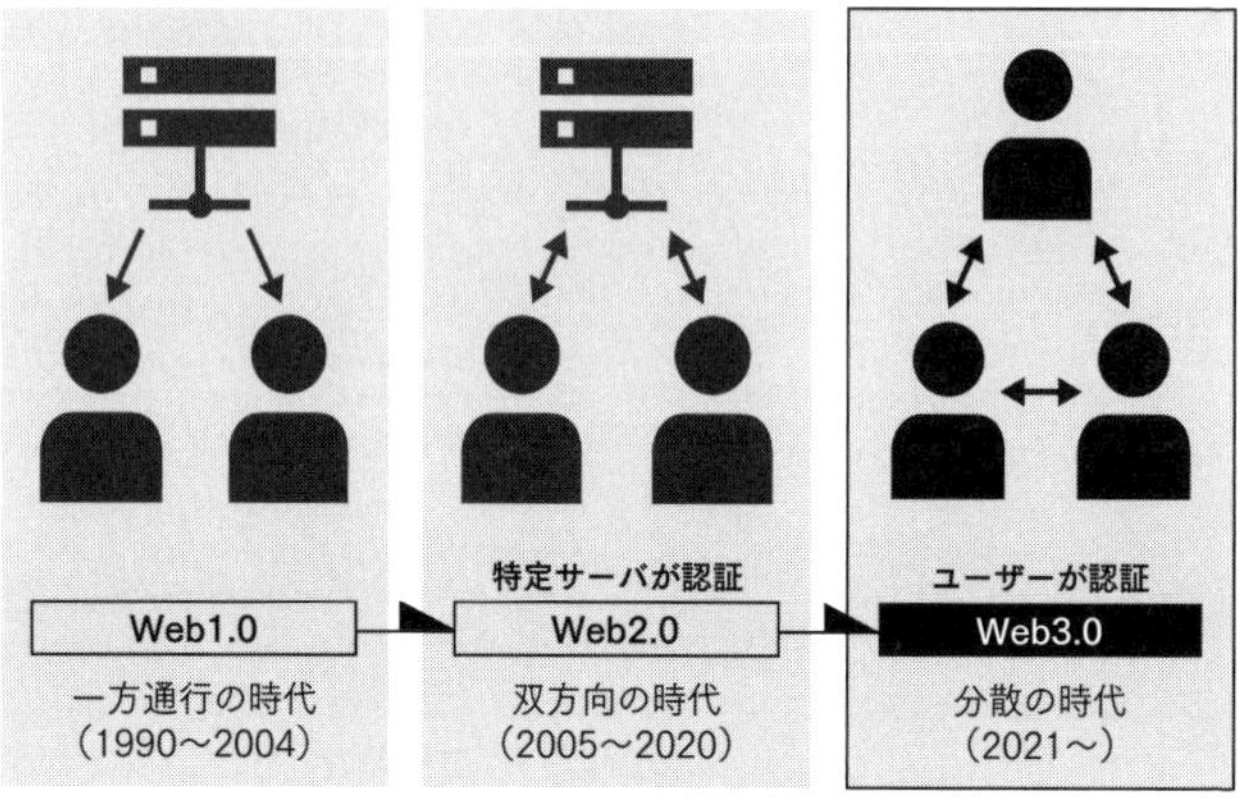

まず、「Ｗｅｂ」についてです。インターネットはビジネスだけでなく私たちの日常においてもなくてはならない情報基盤です。

いまやインターネットのない生活は考えられないのではないでしょうか。厳密にいえば、「インターネット」は世界中のコンピュータをつなぐ通信ネットワークのことです。

そして、インターネットによって世界中のコンピュータが持っている膨大なデータが網の目状に一体化したものが「ワールド・ワイド・ウェブ（Ｗｅｂ）」です。

１９９０年代に本格的に成立したＷｅｂは、これまで様々な技術や規格、そしてインターネット環境の発展を通じて進化してきました。**その進化のプロセスを大きく分類したのが「Ｗｅｂ１」から「Ｗｅｂ２」、そして「Ｗｅｂ３」へという流れです。**

「Ｗｅｂ１」はおおむね、１９９０年代から２０００年代半ばにかけての期間に当たります。

１９９０年にヨーロッパの原子力研究機関において世界で初めてのＷｅｂサーバが誕生し、その後、徐々に増えていきました。日本では１９９３年、デジタルガレージ創業者の伊藤穰一氏が立ち上げたＷｅｂサイトが最初だったといわれます。１９９５年にマイクロソフト社のWindows95が発売され、一気にＷｅｂの世界が広がりました。

また、同じ１９９５年にAmazon.comがオンライン書店としてサービスを開始し、インターネットを利用したＥコマース（電子商取引）も普及していきました。

ただし、**Ｗｅｂ１の時代にはまだ通信速度が遅く、Ｗｅｂコンテンツの多くはテ**

キストや静止画でした。自らＷｅｂサイトを立ち上げる組織や個人もまだ少なく、個人のＷｅｂ利用者は主にウェブコンテンツを受け取るだけの一方通行の時代でした。

「Ｗｅｂ２」はおおむね、２０００年代半ばから２０１０年代後半にかけての期間に当たります。インターネットの通信容量の拡大と常時接続が可能になるとともに、ネット検索やソーシャルメディア（ＳＮＳ）、ブログなどの無料サービスが普及し、ユーザー自身が情報発信できるようになりました。双方向のやりとりが可能になった時代です。

それはまた、**ＧＡＦＡＭ（Google・Apple・Facebook・Amazon・Microsoft）といった巨大企業がＷｅｂのプラットフォームを構築し、世界中の利用者の個人情報と広告を中心とした収益を独占することをも可能にしました。**その結果、大規模な情報流出や検索アルゴリズムの突然の変更などプラットフォーム依存のリスクも意識されるようになった時代だといえます。

「Ｗｅｂ３」は、Ｗｅｂ２に続いていま姿を現しつつある新しいＷｅｂの時代です。

本格的に普及し始めたのは、コロナ禍の2021年頃からです。

Web3が何を意味するのか漠然としていると評されることもあります。よく引用されるのはイーサリアムの共同設立者であるギャビン・ウッド氏の**「ブロックチェーンに基づく分散型オンライン・エコシステム」**という定義で、これが最も簡潔で要領を得ていると思います。

Web3を支える技術的な基盤が「ブロックチェーン」です。ブロックチェーンはひとつの技術というより、暗号技術を中心に様々な技術や仕組みを組み合わせた複合的なシステムであり、まだまだ発展途上です。

そして、Web3の特徴を表す重要なキーワードが「分散」です。**Web2においては、GAFAMなど特定のプラットフォーマーに権限、情報、収益が集中しました。それに対し、Web3では「非中央集権化」ということがよく言われ、プラットフォーマーからの解放が叫ばれたりします。**

ただ、Web3の本質はプラットフォーマーからの「解放」というより、「分散」という点にあると思います。どこで、何を、どのように分散するのか。分散の対象はビットコインなど仮想通貨におけるデジタル取引記録（台帳）からどんどん広がり、様々なアイデアが百花繚乱のように生まれつつあるのがＷｅｂ３の現状です。

つまり、「Ｗｅｂ３」とはインターネットとウェブの発展段階におけるひとつの区分（期間）であるとともに、そこで生まれつつある様々なサービスやプロジェクトを指すものなのです。

なかには失敗に終わるものも多いでしょうし、詐欺的なものもあるでしょう。その点はＷｅｂ１で「ネットバブル」と呼ばれた頃に似ていますが、そこから未来のＧＡＦＡＭ的な（ただし特徴は全く異なる）サービスやプロジェクトが生まれてくるはずです。

この動きに注目しないのは「本当にもったいない！」というのが私の一貫した主張です。

「ジパングコイン（ZPG）」のウェブサイト

出典：https://www.mitsuidc.com/

いまなぜ大手企業がWeb3に続々と参入しているのか？

Web3を巡る状況としては最近、日本の大手企業が積極的に参入していることが注目されます。これは明らかに、自社の事業展開においてWeb3を活用することで大きなメリットが得られると考えているからです。

大手企業が関わる場合、ブロックチェーンの使い方が「非中央集権的ではない」といった指摘もありますが、一般ユーザーからすれば大手企業が関わるプロジェクトのほうが安心感が高いのは確かでしょう。

2022年2月から三井物産デジタルコモディティーズが発行しているのが「ジパングコイン（ZPG）」です。ブロックチェーン技術を使い、金を担保にその価格に連動するよう設計された日本発の暗号資産です。

「ジパングコイン（ZPG）」はWeb3においてはデジタル資産としてのステーブルコイン、あるいはRWA（リアル・ワールド・アセット）トークンに分類され、デジタル化によって現物の金にはない利便性と小口化を実現しています。なお、同社では銀を担保にした「ジパングコインシルバー（ZPGAG）」、プラチナを担保にした「ジパングコインプラチナ（ZPGPT）」も発行しています。

法規制の関係で、現在は購入した暗号資産交換業者での売買しかできませんが、将来的には担保となっている貴金属の引き出しなども予定しているそうです。

2025年2月、**トヨタ自動車の金融子会社であるトヨタファイナンス株式会社などは、トヨタグループ初のセキュリティトークン社債（トヨタウォレットST債）**

「トヨタウォレットST債」のスキーム

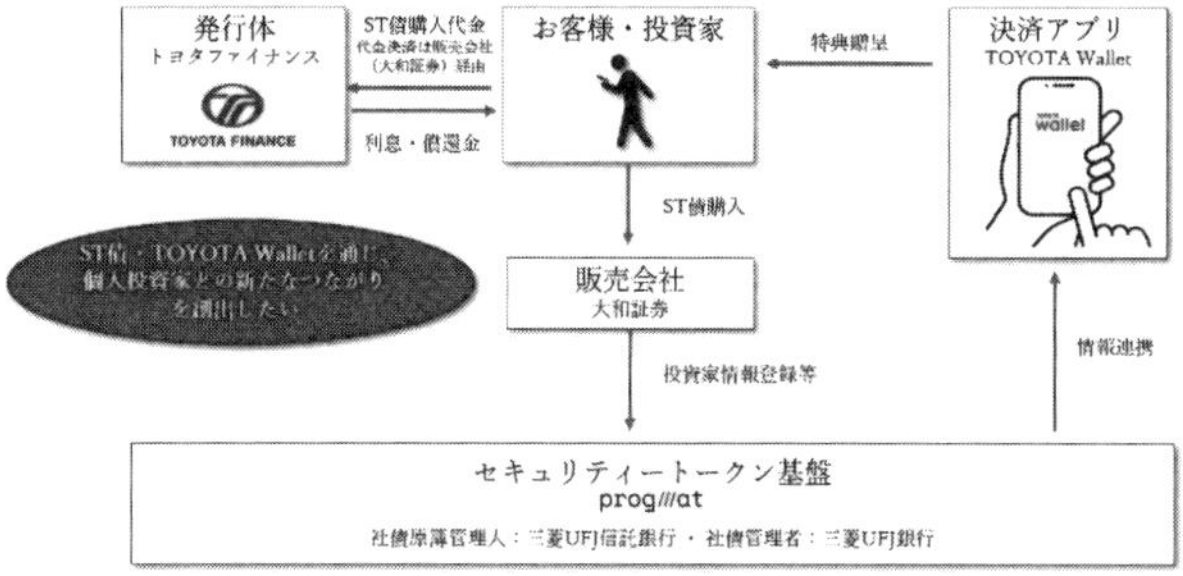

出典：https://prtimes.jp/main/html/rd/p/000000005.000156589.html

を発行すると発表しました。期間は1年で1口10万円、募集額は10億円とのことです。ブロックチェーン技術を使うことにより、社債を購入した個人を直接把握し、購入口数に応じた電子マネー（TOYOTA Walletの残高）をプレゼント。トヨタグループの事業や活動に共感したり応援してくれる人を増やしていきたいとしています。

　なお、「トヨタウォレットST債」の発行にあたっては、大手金融機関などが出資するスタートアップ「Progmat（プログマ）」が技術面で協力しており、同社ではさらにブロックチェーン上で発行・取引・利払・決済が完結できる社債などの仕組みを多くの国内大手企業と検討。2025年夏には具体的なプロジェクト

「KENDRIX」のWebサイト

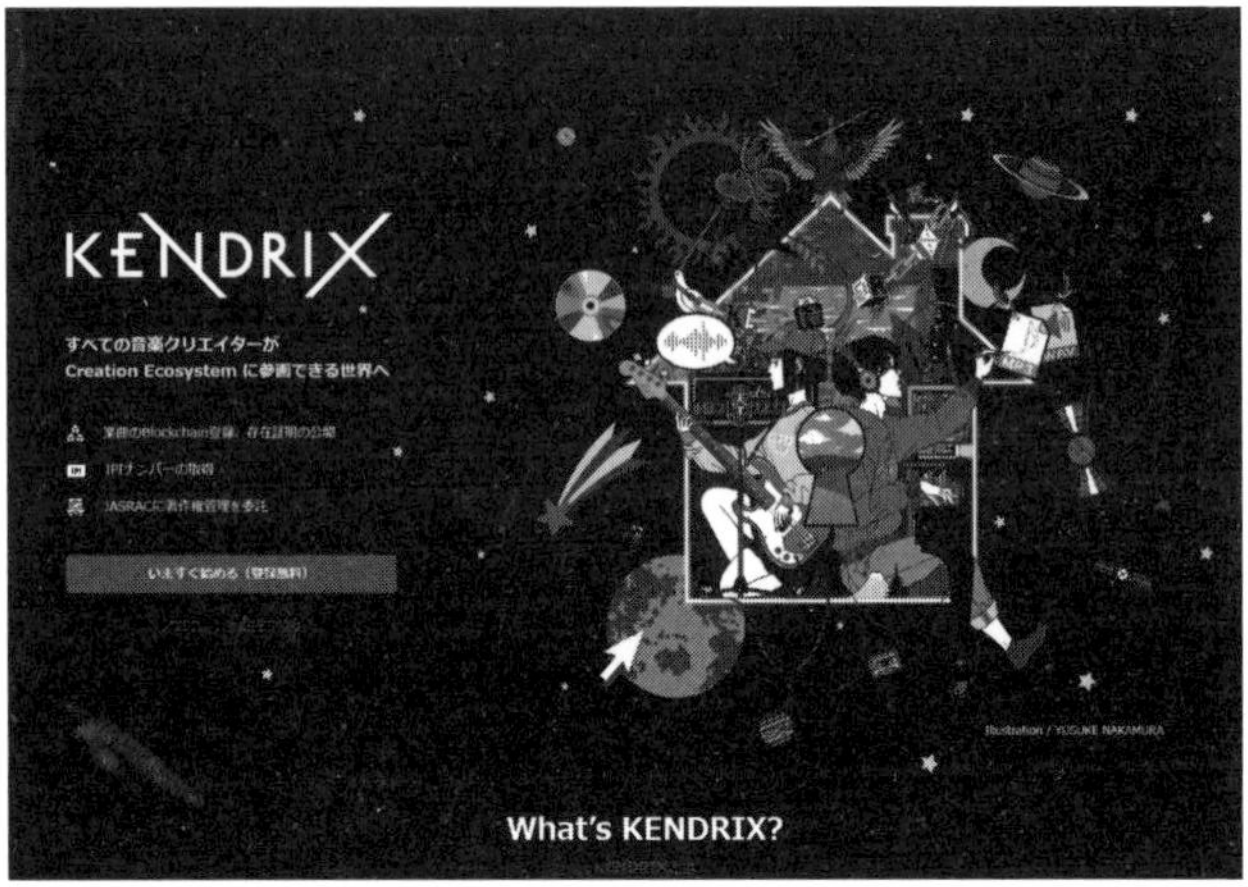

出典：https://kendrix.jp/

を実施することを目指しているそうです。

一般社団法人日本音楽著作権協会（JASRAC）は2022年10月、ブロックチェーン技術を活用した存在証明機能とeKYC機能を備える楽曲情報管理システム「KENDRIX」の正式サービスを開始しました。

音源ファイルなどをKENDRIXに登録するとファイルなどの情報がブロックチェーンに登録されます（制作途中の音源でも登録可能）。

これにより、**作曲者などは自分があ**

「NISSAN PASSPORT BETA」のWebサイト

出典：https://nft.nissan.co.jp/

る音源ファイルをいつの時点で所有していたのかという事実を客観的に証明する「存在証明ページ」を示すことができます。

動画配信プラットフォームやSNSで楽曲を公開する際には、この存在証明ページのURLを添えることで、存在証明を取得している音楽クリエイターであることが第三者に伝わり不正利用の抑止力となるといいます。

日産自動車は2025年1月に「NISSAN PASSPORT BETA」を開始しました。これはWeb3の概念とテクノロジーを活用して、ユーザーに新たな価値を提供することを目指す新サービスです。

「ＮＩＳＳＡＮ ＰＡＳＳＰＯＲＴ ＢＥＴＡ」の第一弾として、メンバーシップＮＦＴ（ＮＦＴについては第５章以降を参照）の提供、独自Ｗｅｂ３ウォレットの提供、体験型リワードプログラムの提供などを行うとしています。

体験型リワードプログラムでは、ゲームに参加するような感覚でトークン（ポイント）を獲得でき、貯まったトークンは特別な体験や権利と交換可能です。

日産はこのプロジェクトを通じ、自動車メーカーとユーザーの垣根を越えたサービスと体験を提供したいとしています。

ＮＴＴドコモでは、独自開発したブロックチェーンゲーム「ＧＴ６５５１」のβ版の提供を２０２５年１月から始めました。

これは、ドコモが開発するメタバースでプレイ可能なレーシングブロックチェーンゲームです。

ベースになっているのは、イーサリアムのブロックチェーン上に作成できるＮＦＴの最新規格であるＥＲＣ６５５１です。その大きな特徴は、複数のＮＦＴを組み合わ

「GT6551」ゲームの画面イメージ

出典：https://www.docomo.ne.jp/binary/pdf/info/news_release/topics_241220_10.pdf

せ、ひとつにまとめることができる点にあります。

　ユーザーはゲーム内で、**レーシングマシンの性能やデザインをカスタムする「部品NFT」と、レーシングマシンに搭乗するドライバーをカスタムする「ドライバーNFT」の二種類を組み合わせ、レーシングマシンをカスタムできます。**作成したレーシングマシンはオリジナルのコレクション（資産）として所有することもできます。

　このように複数のNFTをひとつにまとめ、その組み合わせによってNFTの機能をカスタム（構成）できるブロックチェーンゲームの提供は世界初といいます。

「Soneium」のWebサイト

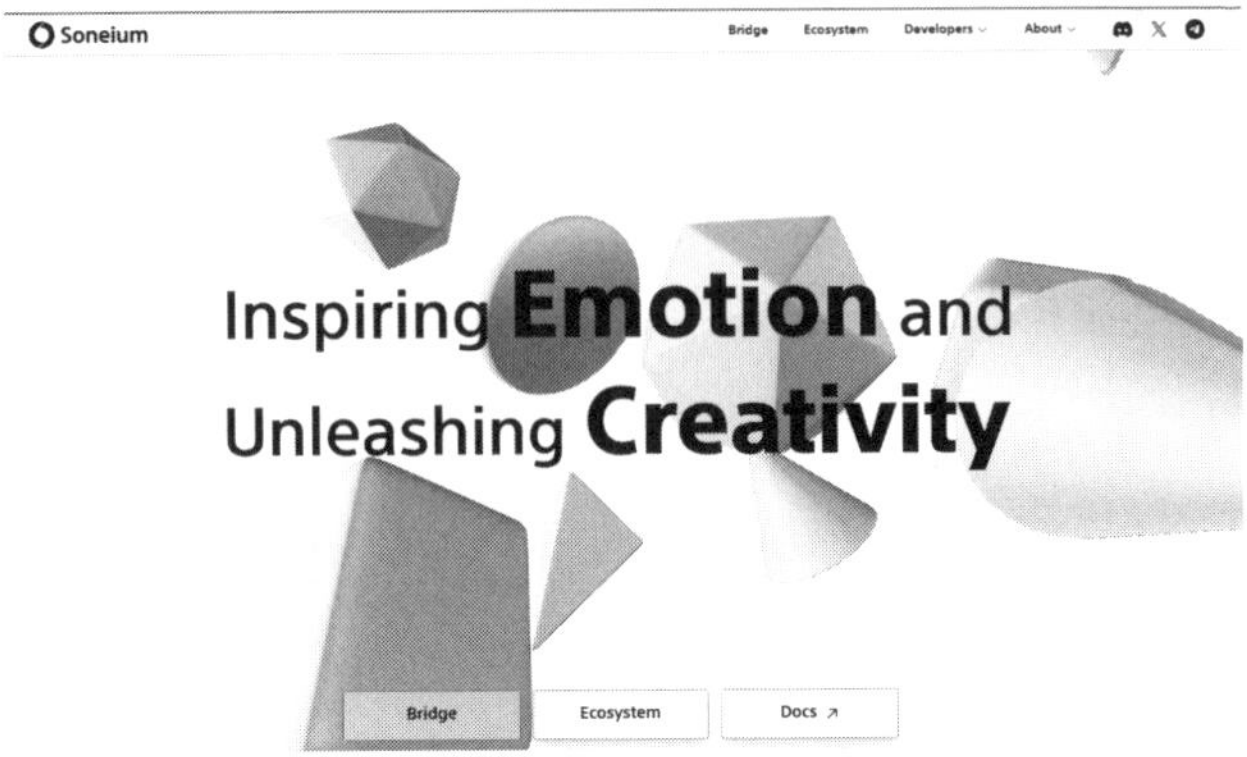

出典：https://soneium.org/en/

ソニーグループが現在、準備を進めているのが次世代ブロックチェーンプロジェクト「Soneium（ソニューム）」です。

イーサリアムをベースにしたブロックチェーンを使い、インフラからアプリケーションまで含めた幅広いWeb3サービスを展開する予定で、**例えばデジタルクリエイターの権利保護や収益還元、仮想通貨取引やNFTのマーケットプレイスなどが想定されているそうです。**

2025年1月にメインネットが正式に公開されたところ、テストネット期間中に1400万以上のアクティブウォレットと

『魁 三国志大戦』のWebサイト

出典：https://lp.kai-sangokushi-taisen.games/ja

4700万件を超えるトランザクションが記録され、大きな注目を集めています。

最後にもうひとつ紹介したいのが、2025年4月にリリースされた日本発のブロックチェーンゲーム『魁 三国志大戦』です。

これはSEGAのライセンスによるトレーディングカードゲームで、ブロックチェーンの構築と運用、ゲームトークンの発行をWeb3ベンチャーの「Oasys（オアシス）」が担当しています。同社はシンガポールに本社がありますが、もともとは日本発の企業です。

プレイヤーは三国志の武将たちをＮＦＴカードとして用意し、戦略性を考慮したデッキを編成。その後は自動でバトルが進行します。

従来のオンラインゲームは、キャラクターのやりとりをしてもゲームの中でしか扱えませんでした。それに対して『魁 三国志大戦』では、**ＮＦＴとしてゲーム外でも売買など取引できるのが大きな特徴です**。

このように最近、大手企業が本格的に参入し始めたことは、Ｗｅｂ３が社会に広く浸透していく上で大きな意味を持つはずです。

第3章

「デジタル資産」の価値を生むブロックチェーンの技術とは

「ブロックチェーン」は唯一性を証明する技術

ビットコインをはじめとした暗号資産とは、いったい何なのか？　電子マネーやポイントサービスとは、何が違うのか？

こう聞かれたら、あなたならどう答えるでしょうか。

いまひとつ暗号資産を信用できない大きな理由のひとつは、テクノロジーがそもそも分かりにくいことです。仕組みがわからないのにいくら「安全だ」と言われても、全く腑に落ちません。

ブロックチェーン、ハッシュ関数、公開鍵暗号、コンセンサスアルゴリズム、スマートコントラクトなど、聞いただけでは何のことか分からない人がほとんどでしょう。

ただ、これらを専門的、技術的に理解する必要はありません。大事なのはこうしたテクノロジーが何のために使われているのかであり、まずは入り口として次のことが感覚的に納得できれば十分です。

そもそも、ビットコインなど暗号資産は0と1が並んだデジタルデータです。**デジタルデータは数値なのでコンピュータで自由に編集したり加工したり、改ざんもできます。また、複製（コピペ）が容易で、しかも何万回繰り返しても内容が劣化するということがありません。**

ところがビットコインなど暗号資産を裏付けているテクノロジーは、こうしたデジタルデータの特性を大きく変えることに成功しました。

特定の要件を満たしたデジタルデータについて、そのやりとりは誰でも見られるのに、やりとりの記録を後から書き換えることがほぼ不可能で、さらに特定のデジタルデータを他から区別して唯一無二のものであることが証明できるようにしたのです。

では、どうしてそんなことができるのか。本章では必要な範囲にトピックを絞り込み、ザックリとしたイメージをつかんでいただければ十分です。

大事なのは、デジタルデータの改ざんが難しかったり、特定のデジタルデータを他から区別できたりすることで、何ができるようになったのか、これからさらにどんな可能性があるのか、ということです。

ブロックチェーンがビットコインなどの暗号資産（仮想通貨）を生み出し、さらにＷｅｂ３の様々な試みへと発展してきました。デジタル資産とＷｅｂ３の可能性を考える上で、ブロックチェーンの基本的な仕組みと特徴を理解しておくことは非常に重要です。

ブロックチェーンの基本的な仕組みと特徴、さらに弱点と対策についてできる限り分かりやすく説明しますが、専門用語などの理解は避けて通れないので、Ｗｅｂ３の具体的な事例などを先に知りたい場合は、読み飛ばしていただいても構いません。

「狭義のブロックチェーン」はハッシュチェーンのこと

まず指摘しておきたいのは、ひと口に「ブロックチェーン」といっても、その意味する内容や対象は人によって、文脈によってバラバラだということです。

ここは非常に重要です。「ブロックチェーン」「ブロックチェーン＝ビットコイン」「ブロックチェーン＝非中央集権的」といったイメージを持っている人も少なくありませんが、必ずしもそうではありません。技術的な話ではなく、「ブロックチェーン」という言葉が何を指しているのかで混乱があるのです。

ここでは、「ブロックチェーン」を狭義、広義、最広義の三つに分けます。この区分を理解しておくと、デジタル資産やWeb3に関する書籍や記事を読む際、きっと役に立つと思います。

第一に「狭義のブロックチェーン」です。

2008年にナカモトサトシという日本名の人物が「ビットコイン：P2P電子通貨システム」というタイトルの論文を発表しました。

この論文によれば、**ビットコインの目的は、信用が置ける第三者機関（銀行や中央サーバなど）がなくても、インターネット上の商取引における二重支払い問題を解決する電子取引システムをつくることです。**

論文の中で「ブロックチェーン」という言葉が出てくるのは4回だけで（「ブロック」や「チェーン」はかなり多く出てきます）、前後の文脈からは「ハッシュチェーン」のことを指していると読めます。

「ハッシュチェーン」は簡単にいうと、一定のデジタルデータの集合に対してハッシュ関数という数学的な処理を行い、特定の数値（ハッシュ値）を計算。そのハッシュ値を数珠つなぎ（チェーン）にしたものです。

ここでは、そういう計算方法（ハッシュ関数）と数値（ハッシュ値）があり、デジタル資産やWeb3の基礎になっていることを覚えておけば十分ですが、もう少し詳しく説

「ブロックチェーン」の三つの分類

狭義のブロックチェーン

→ハッシュチェーン（ハッシュ関数・ハッシュ）

ビットコイン

広義のブロックチェーン

→ハッシュチェーン＋
P2P ネットワーク＋プルーフ・オブ・ワーク＋
公開鍵暗号方式

Web3 サービス

最広義のブロックチェーン

→パブリックチェーン／
プライベートチェーン／コンソーシアムチェーン ×
コンセンサスアルゴリズム × スマートコントラクト ×
各種トークン発行など

明しておきます（難しいと感じたら飛ばしてもらって構いません）。

「ハッシュ」はもともと、「細かく切る」「ごた混ぜの寄せ集め」という意味の英語です。IT分野では、0と1（2進法の場合）や、0から9とアルファベットのaからfまで（16進法の場合）が並んだデータをハッシュ関数でごた混ぜに変換し、一定の長さの値（ハッシュ値）にすることを指します。

「ハッシュ値」は「要約値」や「ダイジェスト値」とも呼ばれ、元のデータの特徴を示す短い符号のようなものです。この「ハッシュ関数」と「ハッシュ値」にはいくつか重要な特徴があります。

まず、ハッシュ関数で計算すると、元のデータ（入力値）がどんなに短くても長くても、必ず一定数の数値が並んだハッシュ値が出てきます。

次に、**元のデータが少しでも違うと、全く異なるハッシュ値が出てくるので、元のデータに違いがあることが一目瞭然になります。**

さらに、計算で出てきたハッシュ値からは、**元のデータを割り出すことが事実上、**

ハッシュチェーンのイメージ（ナカモトサトシの論文より）

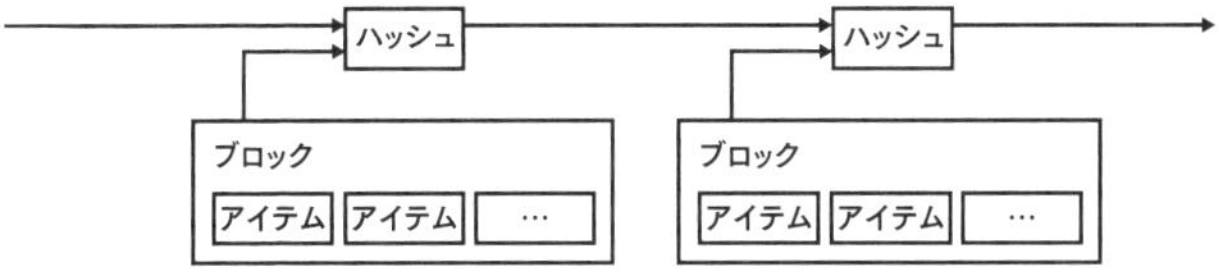

出典：https://bitcoin.org/files/bitcoin-paper/bitcoin_jp.pdf

不可能です。

こうした特徴を踏まえ、一定のデータの塊（ブロック）から ハッシュ値を計算し、それを次のデータの塊（ブロック）と一緒にまた新たなハッシュ値を計算していくと、前後のハッシュ値に依存関係ができます。

こうしてつくられたハッシュチェーンは、**どこかに少しでも違いが生じれば、その後のブロックのハッシュ値が大きく異なるので、変更、改ざん、消去などの有無がすぐ分かるのです。**

また、ブロックのハッシュ値のつながりをみれば、時間的に前のデータか後のデータかが分かり、タイムスタンプ（ある時刻にその電子データが存在していたことと、それ以降改ざんされていないことを証明する技術）として使えます。

なお、ハッシュ関数はインターネットの標準プロトコルであるＴＣＰ（Transmission Control Protocol）においても、通信したデータに欠落がないかどうかを確認するために用いられており、決して珍しいものではありません。

「広義のブロックチェーン」はビットコインそのもの

第二に「広義のブロックチェーン」です。

ナカモトサトシの論文は、ハッシュチェーンにさらにいくつかの技術や仕組みを組み合わせることで、「ビットコイン」という暗号資産（仮想通貨）を生み出しました。

この意味での「ブロックチェーン」はビットコインそのもので、ブロックチェーン＝ビットコインという理解もそこからきています。

「広義のブロックチェーン」に用いられている技術としては、「ハッシュチェーン」

のほかに、**中央集権的な管理者が存在せず不特定多数の参加者（ノード）が直接つながる「P2Pネットワーク」、ハッシュチェーンをつなぐ権利を誰が持つかというルールである「コンセンサスアルゴリズム」、参加者（ノード）間のやりとりの安全性を確保する「公開鍵暗号方式」などがあります。**

これらのうち、まず「P2Pネットワーク」の「P2P」とは「Peer-to-Peer」の略で、「Peer」は英語で「仲間」「同僚」という意味です。「P2Pネットワーク」では、パソコンやスマートフォンなど不特定多数のインターネット端末がPeerにあたり、それぞれが直接つながってデータのやりとりを行います。

「P2Pネットワーク（方式）」の反対は、各端末が中央サーバを介してつながる「クライアントサーバ方式」です。銀行など金融機関はこの方法をとっており、各端末のやりとりは中央サーバがコントロールします。**一方の「P2Pネットワーク」は中央サーバがないので、非中央集権的といわれるのです。**

「P2Pネットワーク」に不可欠なコンセンサスアルゴリズム

広義のブロックチェーンで用いられている技術としては次に、「コンセンサスアルゴリズム」が重要です。

そもそも「P2Pネットワーク」では、それぞれの参加者（ノード）は対等な立場です。ネットワーク上に複数公開されている暗号資産（ビットコイン）の取引データからいくつかを選び、ハッシュ値を計算してブロックをつくり、既存のハッシュチェーンにつなぐ。この一連の処理は参加者であれば誰でも行うことができます。

しかし、それではどのブロックを既存のチェーンにつないで、正しい記録として残していくのかが決められません。「クライアント・サーバ方式」であれば中央サーバがコントロールすれば済む話ですが、「P2Pネットワーク」ではそうはいかないのです。この問題を解決するのが「コンセンサスアルゴリズム」です。

P2Pネットワーク方式のイメージ

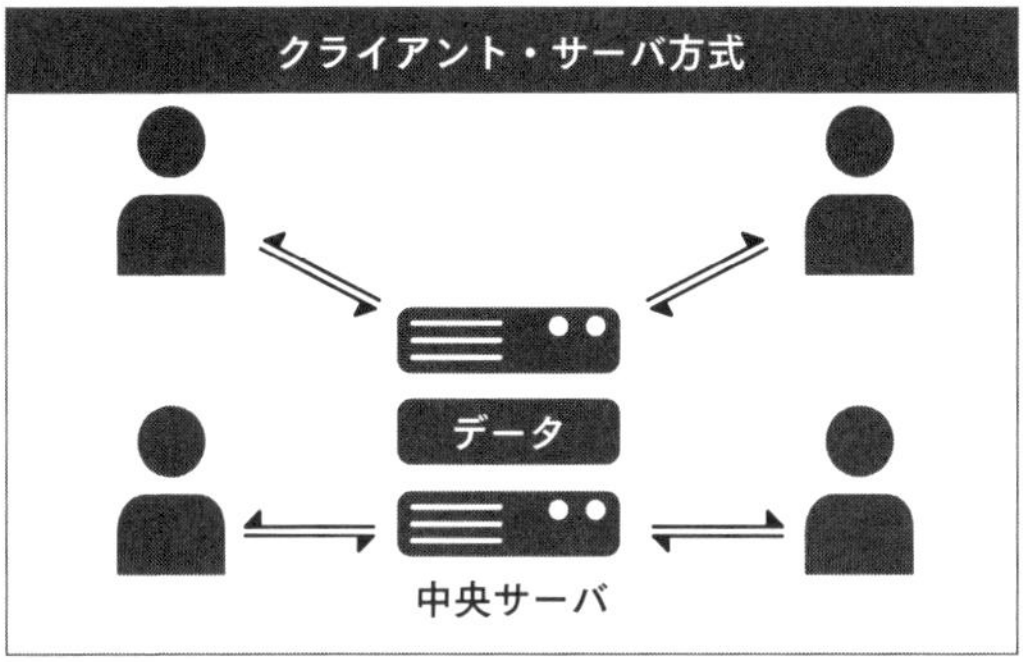

データの管理は、**中央サーバ**が行う

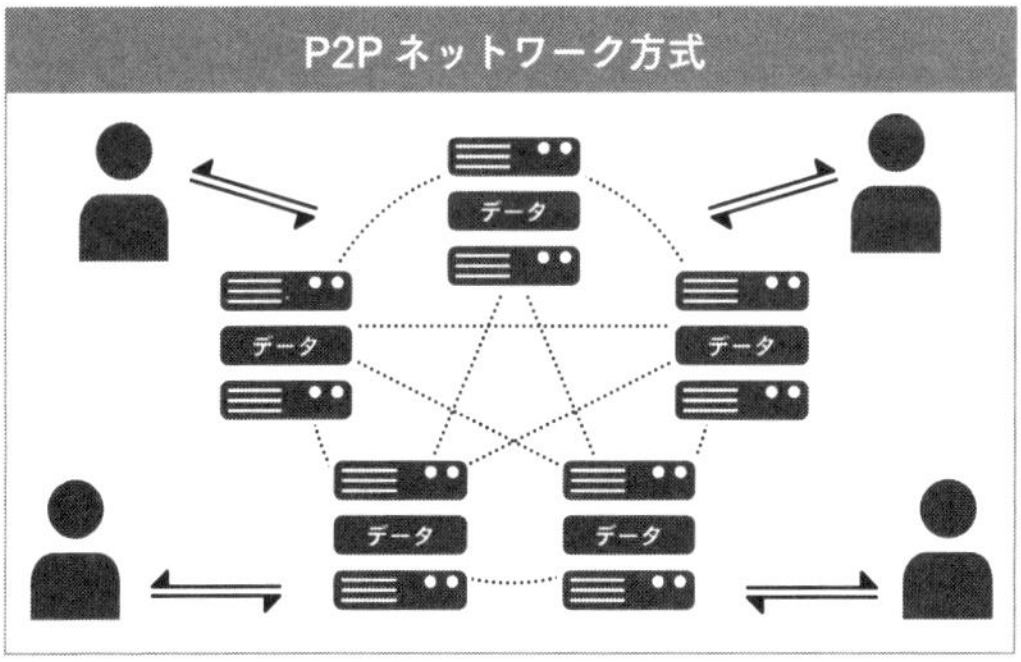

データの管理は、**不特定多数のコンピュータ**が
分散して行う

現在、コンセンサスアルゴリズムとして代表的なのが、ビットコインが採用している「プルーフ・オブ・ワーク（ＰｏＷ）」です。

プルーフ・オブ・ワークの基本は、参加者（ノード）の計算競争であり、プログラムで決められた一定の条件を満たすハッシュ値を一番早く見つけて新しいブロックをつなげたノードに対して、一定量のビットコインが報酬として新規発行されます。より正確にいうと、同時に複数のブロックがつながれる可能性もあり、５つのブロックが一番早くつながれると報酬が得られるようになっています。

この一連の作業を鉱山での発掘になぞらえて「マイニング」、また計算競争に勝って新しいブロックをつなげた参加者（ノード）を「マイナー」と呼びます。

これに対して最近では「プルーフ・オブ・ステーク（ＰｏＳ）」という新しいコンセンサスアルゴリズムが広がっています。こちらは、暗号資産（仮想通貨）としてビットコインに次ぐ時価総額を持つイーサリアムが採用しているもので、単純な計算競争ではなく、参加者（ノード）が保有している暗号資産の量や期間も考慮してマイナーを決めます。

暗号資産のマイニングを行う専門企業の例
（アメリカ・ライオット・プラットフォームズ社）

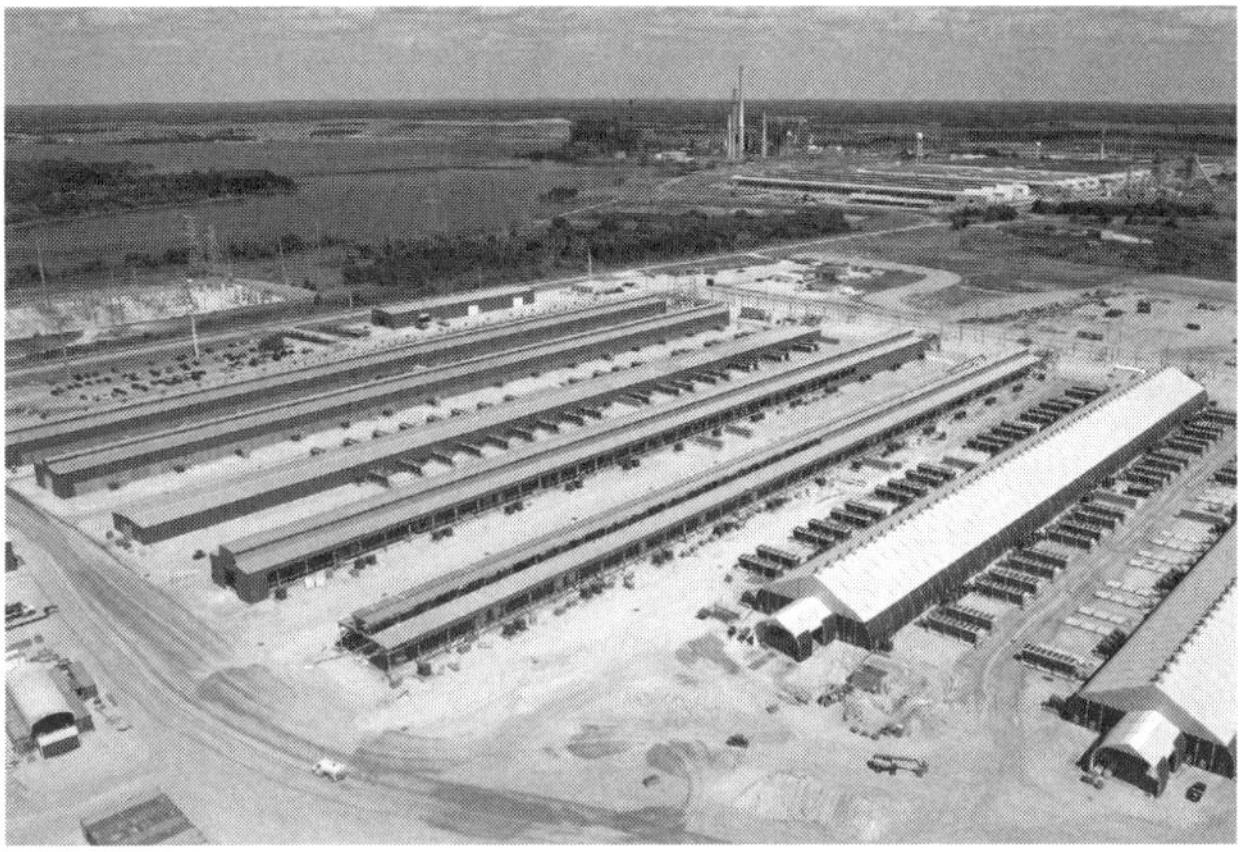

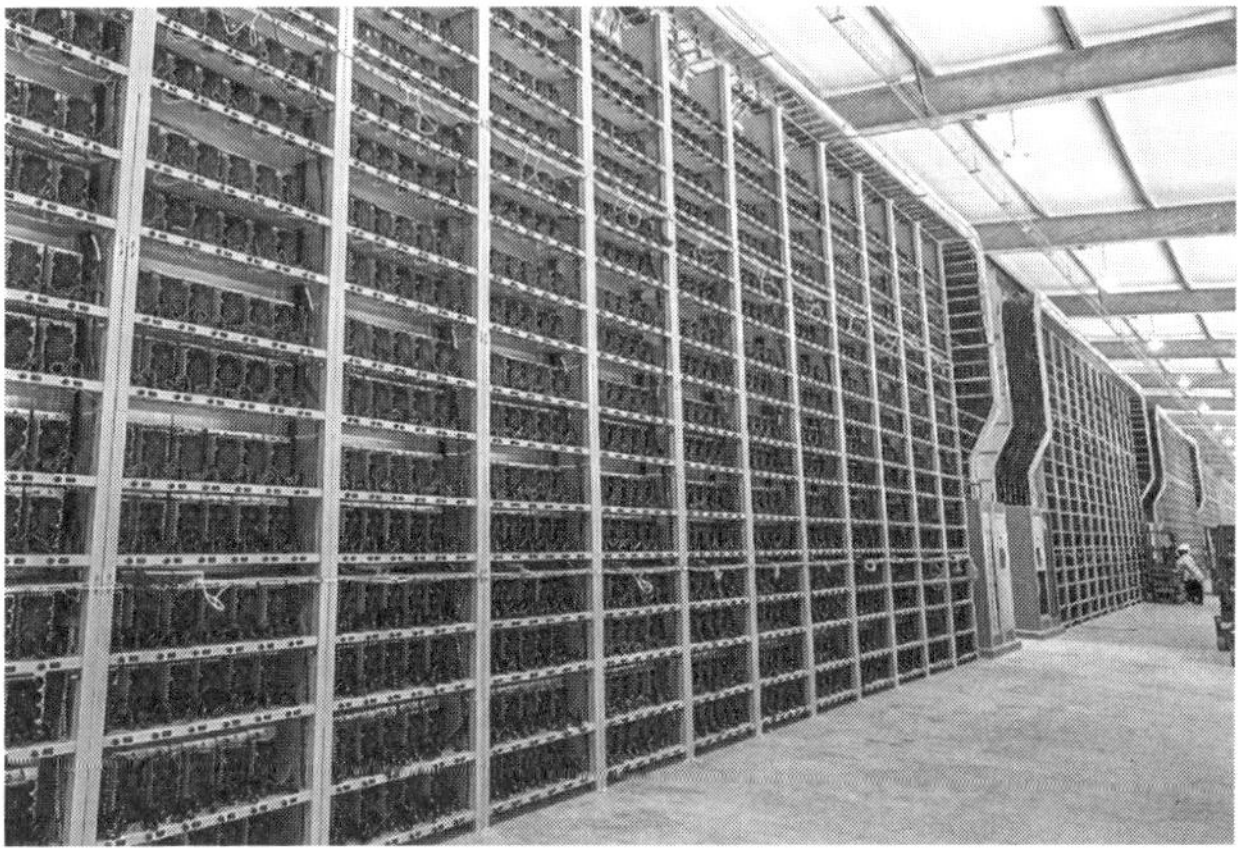

https://www.riotplatforms.com/

なお、ビットコインをはじめ暗号資産のマイニングは現在、世界中で10に満たないマイニングプールと呼ばれる専門企業やグループの寡占状態になっているといわれます。マイニングプールは巨大な計算センターにマイニング専用の装置を設置しています。個人が自宅のパソコンでマイニングを行うこともできますが、報酬を得られる可能性はほとんどゼロと言っていいでしょう。

通信の安全性やなりすまし防止に不可欠な「公開鍵暗号方式」

広義のブロックチェーンで用いられている技術としてはもうひとつ、「公開鍵暗号方式」も重要です。

「公開鍵暗号方式」は、「P2Pネットワーク」における通信の安全性を確保するために用いられます。やりとりの内容を第三者に知られないようにするほか、やりとりする相手の端末（ノード）が偽者（なりすまし）ではないことを確認するために用いら

「共通鍵暗号方式」のイメージ

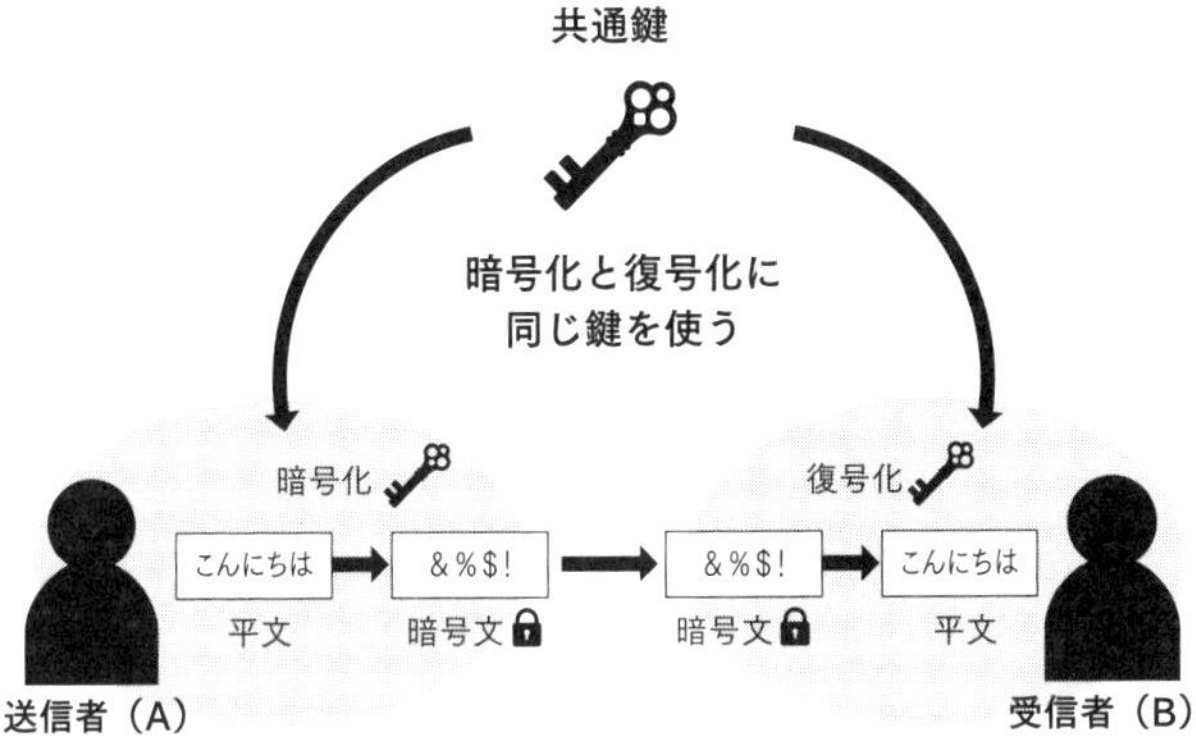

れます。以下の説明もやや専門的になるので、面倒だと感じたら飛ばしてもらって構いません。ただ、順を追ってゆっくり読んでいただければそれほど難しくはないと思います。

「公開鍵暗号方式」とは、それ以前の「共通鍵暗号方式」の弱点を克服するために開発されたものです。「公開」と「共通」の二文字だけの違いなので紛らわしいですが、理屈が分かれば簡単です。

まず、「共通鍵暗号方式」では、平文（元のデータ）を暗号化する鍵と、暗号化したデータを元に戻す（平文化する）鍵が

「公開鍵暗号方式」のイメージ

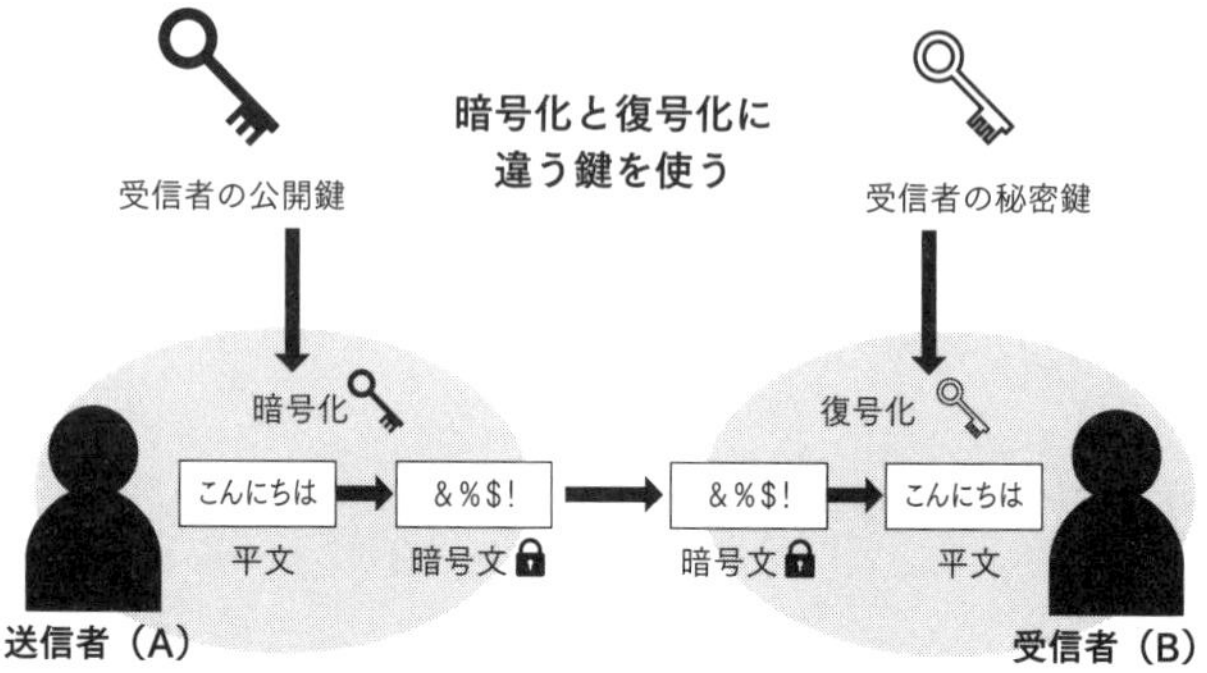

同じです（共通鍵）。そのため、この鍵を解読されたり盗まれたりすると簡単に破られてしまいます。

これに対して「公開鍵暗号方式」は、平文（元のデータ）を暗号化する鍵（公開鍵）と、それを元に戻す鍵（秘密鍵）を別にして、かつ特定の公開鍵で暗号化した暗号文は、公開鍵とペアになった秘密鍵でしか復号化できないようにしたものです。

こうした公開鍵と暗号鍵のペアは、巨大な整数の素因数分解問題や楕円曲線問題といった高度な数学をベースにプログラムで自動的に作成され、公開鍵から秘密鍵を解読するには、現実的には不可能なくらいの計算能力と時間が必要とされます。

「公開鍵暗号方式」の実際の使い方を順を追って見てみましょう。

AB間で取引を行う場合、データの受信者（B）は自分（B）の公開鍵を送信者（A）に送ります。

次に送信者（A）がその公開鍵で、「Aが所有する1ビットコインをBに渡す」といったデータを作成し、それを暗号化してBへ送信します。この暗号化されたデータは、ペアになった秘密鍵を持った受信者（B）しか元に戻せません。それによって、AからBへビットコインが送金されたことになるのです。

「公開鍵暗号方式」では、公開鍵を第三者に見られても全く問題ありません。一方で、秘密鍵は誰かに解読されたりしないよう、安全に管理する必要があります。

なお、「公開鍵暗号方式」での通信は現在、インターネットにおいても一般的に用いられており、URLの先頭に「https」と表示されます。

「公開鍵暗号方式」を使った「デジタル署名」のイメージ

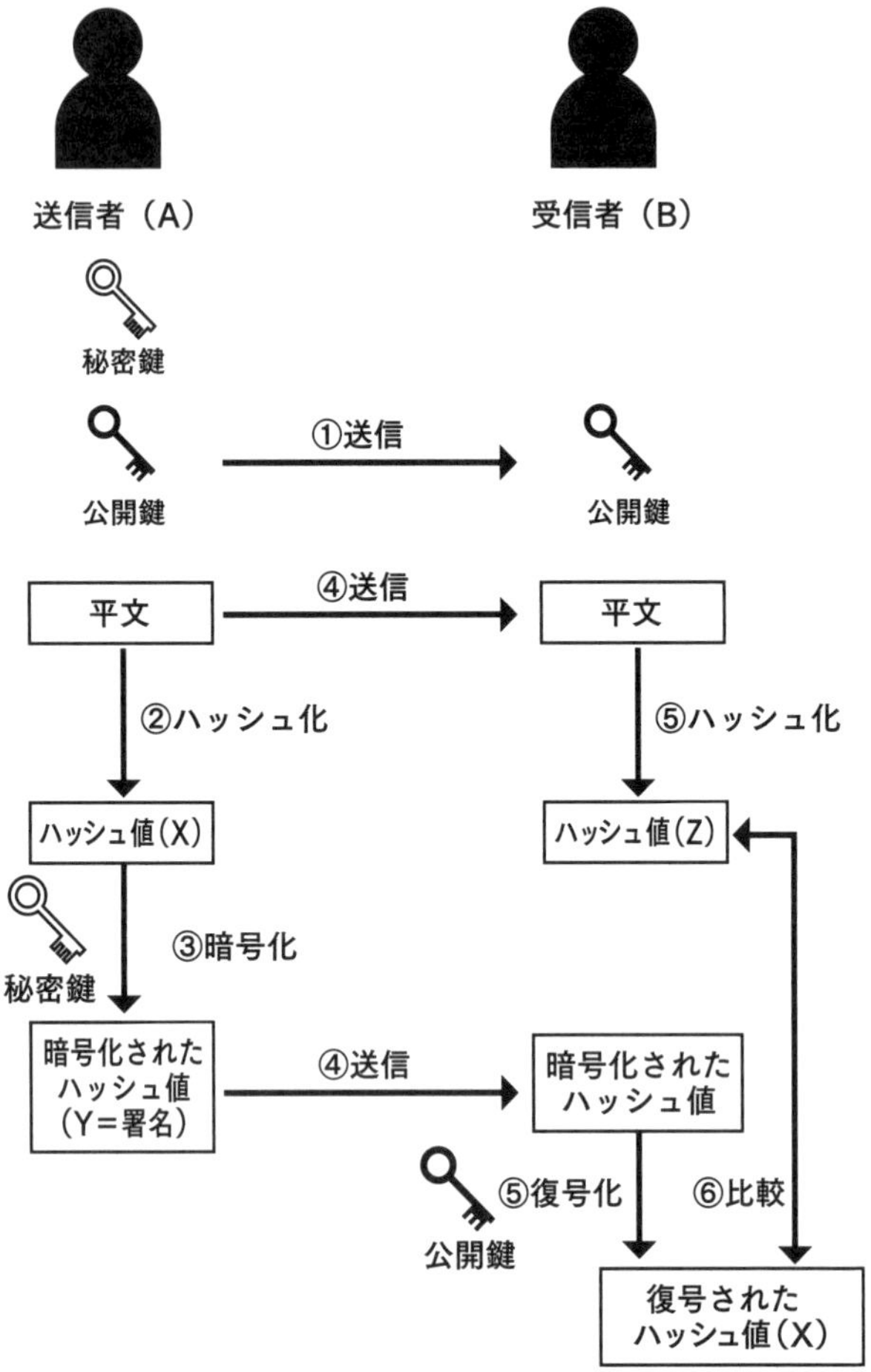

公開鍵暗号方式は、逆の方向に使うことで「デジタル署名」にも応用されています。

デジタル署名では、データの送信者（A）が送信する元データのハッシュ値（X）を自分の秘密鍵によって暗号化します（暗号化したハッシュ値Y）。この暗号化されたハッシュ値（Y）が「署名」として扱われます。

公開鍵と元データ（平文）、署名（Y）を受け取った受信者（B）は、送信者の公開鍵によって署名（Y）を復号し（Xに戻る）、同時に送信された元データ（平文）のハッシュ値（Z）を自分でも計算します。そして、ZとXが同一であれば、署名（Y）は送信者が自分の秘密鍵で暗号化したものだと分かります。

つまり、通信相手が秘密鍵を持つ正規の相手であることが証明されるわけです。

「最広義のブロックチェーン」はWeb3のベースとなっているもの

第三に、「最広義のブロックチェーン」です。これは、Web3におけるサービスやプロジェクトを支えている仕組みです。

具体的には、ビットコインではなく、主にイーサリアムのブロックチェーンが土台となります（イーサリアム以外のブロックチェーンも登場してきています）。詳しくは第4章で触れますが、イーサリアムを含む最広義のブロックチェーンには「スマートコントラクト」と呼ばれる機能が組み込まれています。**この「スマートコントラクト」が最広義のブロックチェーンの肝です。**

ただし、スマートコントラクトの使い方をはじめ、最広義のブロックチェーンには多くのバリエーションがあります。

例えば、P2Pネットワーク（パブリックチェーンともいう）ではなく参加者を限定する形式（プライベートチェーンという）や、メインのハッシュチェーンの外部にサブのデータベースをつなげる形式（レイヤー構造という）など、ひと口で「ブロックチェーンを利用している」といっても同じものではありません。

そのため、Web3における「分散」は必ずしも「非中央集権的」を意味するわ

けではなく、分散の対象は暗号資産における取引データ台帳に限らず収益やデータ保管、広告配信など様々なケースが提案されています（第5章から第12章で具体例を紹介します）。

分散する対象を何にするか、どのように分散するのかは、Ｗｅｂ３の本質に関わるテーマです。

「パブリックチェーン」と「プライベートチェーン」の違いとは？

ブロックチェーンの重要な分類のひとつが、いまも少し触れた「パブリックチェーン」と「プライベートチェーン」です。

パブリックチェーンは誰でも自由に参加でき、管理者もいないＰ２Ｐのオープンなブロックチェーンのことで、ビットコインのブロックチェーンが代表的です。ブロックチェーンに記録されている取引履歴は参加者に公開されていて透明性が高いといえます。

ただし、パブリックチェーンはブロックをつなぐための承認作業（コンセンサスアルゴリズム）に一定の時間がかかります。また、一度ブロックにつながれたデータを後から修正することは基本的にはできません。

一方、ビジネスでの利用を考えると、ブロックチェーンの長所を活かしつつ、円滑にプログラムを運用したいというニーズもあります。そういう目的のために考えられたのが「プライベートチェーン」と呼ばれるブロックチェーンです。

プライベートチェーンには管理者がおり、ネットワークに参加できるのは許可されたメンバーだけです。そのため取引承認が速く、ルール変更などが容易で、ブロックにつながれたデータを後から修正することも可能です。また、公開される情報の範囲を制限するなどプライバシー保護にも適しています。

例えば、暗号資産のうちビットコインやイーサリアムに次ぐ時価総額を持つリップル（XRP）は、金融機関による国際送金のためのプライベートチェーンです。開発したリップル社が運用を管理し、同社が定めるバリデーターと呼ばれる特定の参加者が承認等を行っています。

ナカモトサトシの論文でも、「支払いを頻繁に受け取るビジネスにおいては、より独立した安全性と迅速な検証のため、独自ノードを運営するほうが良いだろう」と述べており、プライベートチェーンを想定していると思われます。

なお、パブリックチェーンとプライベートチェーンの中間的な仕組みとして、「コンソーシアムチェーン」というタイプもあります。

ブロックチェーンのこれまでの経緯

「狭義のブロックチェーン（ハッシュチェーン）」は1990年代にすでに公表されていた技術です。公開鍵暗号を用いたデジタル認証も2000年代にはありました。

それらに「プルーフ・オブ・ワーク」というコンセンサスアルゴリズムを組み合わ

せ、「P2P電子通貨システム」のアイデアを世に問うたのが、リーマンショックが起こった2008年に公表されたナカモトサトシの論文であり、この論文に基づき2009年に世界初の仮想通貨（暗号資産）であるビットコインのプログラム運用が始まりました。これが「広義のブロックチェーン」の誕生です。

ただ、ビットコインは当初ほとんど注目されませんでした。最初に脚光を浴びたのが2013年のことです。地中海の小国であるキプロスで金融危機が発生し、キプロス国内の金融機関からの預金引き出しが停止されました。その際、資産を海外へ逃避させる手段としてビットコインが使えるのではないかということで取引が活発化したのです。

とはいえ、2016年頃まで暗号資産に関心を持っていたのはシステムエンジニアが中心だったと思います。インターネット上で新しいシステムやサービスを開発したいという思いから、ビットコインに続いてイーサリアムやリップルなど様々な新しい暗号資産（仮想通貨）が登場しました。これが「最広義のブロックチェーン」につながりました。

さらに、コロナ禍の2020年代に入るとベンチャーキャピタル（VC）などが参入。ブロックチェーン技術を応用したWeb3ベンチャーが次々に登場し、「最広義のブロックチェーン」はいまなお進化を続けています。

COLUMN
2

ナカモトサトシとは誰なのか？

デジタル資産とＷｅｂ３の原点はナカモトサトシが公表した一編の短い論文にあることは間違いありません。

しかし、ナカモトサトシとは誰なのか、日本人なのか外国人なのか、個人なのかグループなのかなど不明であり、様々な憶測を呼んできました。

そうした憶測のひとつが、ナカモトサトシは反権力主義者であり、法定通貨とは別の新しいデジタル通貨をつくり出そうとしたという説です。

これに関して、ナカモトサトシとビットコインを共同開発したマルティ・マルミというソフトウェアエンジニアが、ナカモトサトシとのメールのやりとりを２０２４年に公開しました。

これは長年、自分がナカモトサトシだと名乗り、数々のトラブルを起こしていた人物に対して起こされた裁判の過程で公開されたものです。最終的にイギリスの裁判所でこの人物はナカモトサトシではないとの判決が出ています。

マルミ氏が公表したナカモトサトシのメールは非常に興味深い点がたくさんあります。

例えば、ナカモトサトシは単純に、みんなで使えるインターネット上での少額決済の仕組みができたら便利だと考えていたことが読み取れます。ナカモトもマルミ氏も、これまでとは全く違う新しい金融の仕組みをつくるといったことまでは考えていなかったのです。その証拠に、ナカモトサトシの論文には「分散（distributed）」という言葉は出てきますが、「非中央集権型（decentralized）」といった言葉は出てきません。

また、一連のメールのやりとりからナカモトサトシの属性等もある程度、推測できます。以下は私の個人的な見解です。

① ナカモトサトシは個人である

② ナカモトサトシは資産家や富裕層ではなく、おそらく暗号技術に詳しいシステムエンジニアである

③　ナカモトサトシはおそらく本名または普段使用しているニックネームで、英語は母国語ではない

いまでこそビットコインの市場規模が大きくなり、非常に注目されるデジタル資産となったため、ナカモトサトシが秘匿性を高めるために自らの出自を特定できないようにしていると言われていますが、暗号資産の原点であるビットコインの開発者は、それほど胡散臭い人物ではありません。

繰り返しになりますが、もともとはインターネット上での少額決済の仕組みとしてビットコインを考案しました。それが実は、情報の非改ざん性が高く、デジタルデータの移転において有効であり、デジタル資産を投資対象として活用できる極めてユニークで画期的なアイデアであることが後から明らかになったのです。

こうした経緯を知っておくことは、ビットコインなど暗号資産の本質を理解する上でとても有用だと思います。

ブロックチェーンが抱える課題

ブロックチェーンは大きな可能性を秘めた技術ではありますが、課題や問題点も存在します。ここもぜひ押さえておきましょう。

第一に、膨大な電力を消費していることです。取引をブロックチェーンにつなぐためにプルーフ・オブ・ワークなどの膨大な計算を参加者が同時並行で行います。しかも、ブロックをつなぐことに成功して報酬を得るのは最も早く、長く伸びたブロックをつないだ参加者のみで、他は無駄働きです。**そのため多大な電力を消費し、環境への負荷になっているとの指摘があります。**

例えば、ケンブリッジ大学が公表しているビットコインの消費電力に関する指標に

ビットコインの電力消費量

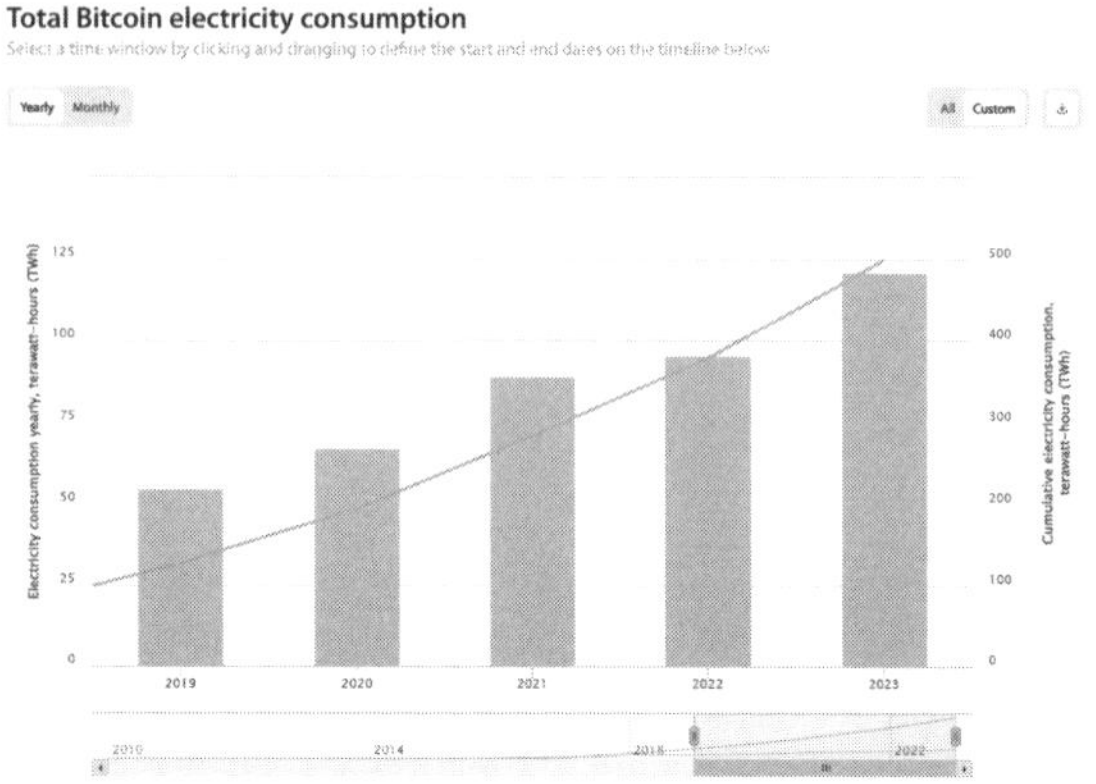

出典：https://ccaf.io/cbnsi/cbeci

よると、**2023年時点で1年間に約110TWh（テラワット時）のエネルギーを消費し、これは世界の電力生産の0・55％、マレーシアやスウェーデンなどの年間エネルギー消費量にほぼ相当するとされます。**

第二に、スケーラビリティ（拡張性）の問題です。スケーラビリティとは、ひとつのブロックに記録できるデータの容量やチェーンをつなぐために必要な時間の制約のことです。

例えば、**ビットコインでは平均10分間にひとつのブロックがつくられるよ**

う計算の難易度が自動的に調整されており、1秒間に処理できる取引データ（トランザクション）は3〜7件とされます。

そのため、ブロックへの組み込みを希望する取引データが増えると、処理速度が遅くなり、また処理手数料（いわゆるガス代）が高騰します。ガス代はブロックへの組み込みを希望する人が負担するもので、金額は自由に設定できますが、設定額が低いといつまでもブロックに組み込まれないままです。**Web3サービスで幅広く利用されているイーサリアムでは取引の金額よりガス代のほうが高いといったケースも頻発し、大きな問題になっています。**

スケーラビリティの問題を解決するには、コンセンサスアルゴリズムの難易度を下げて取引の処理速度を上げたり、ひとつのブロックに含めることができる取引データの容量を増やすなどの方法があります。

しかし、コンセンサスアルゴリズムの難易度を下げるとセキュリティ（安全性）に影響します。取引データの容量を増やすとコンセンサスアルゴリズムの難易度が上がって計算能力などの点で参加者が限られてきます（分散化の低下）。

こうしたことから、**ブロックチェーンではスケーラビリティとセキュリティ（安全性）、分散化という三つの条件の間にトレードオフの関係があるといわれます。**三つのうち二つは同時に達成できても、残りひとつは犠牲にならざるを得ないということです。

ブロックチェーンを使ったサービスやプログラムを開発する際、どのようにバランスをとるかは大きな課題のままです。

第三に、オンライン上でのデジタル資産の取引では、先ほど説明した「公開鍵暗号方式」が使われています。公開鍵暗号方式では「公開鍵」と「暗号鍵」の二つが一対一のワンセットになっており、公開鍵は誰にでも分かるようオープンにする一方、暗号鍵はデジタル資産の所有者であることを証明する唯一の証拠であり、絶対に秘密にしておかなければなりません。

秘密鍵の管理は、デジタル資産はもとよりＷｅｂ３においても極めて重要なポイントですが、秘密鍵はデジタルデータです。**秘密鍵をハッキングなどでコピーされれば**

簡単にデジタル資産が盗まれたり、Web3サービスで本人のなりすましが可能になります。

あるいは、暗号鍵を保存していたパソコンが壊れたり、所有者が亡くなったりして、暗号鍵にアクセスできなくなれば、デジタル資産は事実上、失われることになります。こうした闇に消えていくデジタル資産がどれくらいあるのか、誰も知りません。

第四に、「51％攻撃」や「ハードフォーク」と呼ばれるものがあります。

ビットコインが採用しているコンセンサスアルゴリズムの「プルーフ・オブ・ワーク」の場合、良心的な参加者（ノード）の計算能力（CPUパワー）が、悪意ある攻撃者グループの計算能力を上回っている限りは安全だとされます。

しかし、**悪意ある攻撃者グループの計算能力が上回れば、ブロックチェーンをいわば乗っ取ることができ、取引における二重支払い、取引の承認妨害、マイニングの独占などが可能になります。**これが「51％攻撃」で、プルーフ・オブ・ワークを採用しているブロックチェーンで参加者が少ない場合などには起こりえるとされます。

「ハードフォーク」とは、利便性の向上などのためブロックチェーンの仕様を大きく変更することによって、それ以前のブロックチェーンが使えなくなることです。ハッキングなどへの対抗策として、特定のブロックまで遡って別のチェーンをつないだりすることもあります。

これらは実際に発生したケースがいくつもあり、ブロックチェーンは「絶対に改ざんができない」というわけではありません。

進化を続けるブロックチェーン

もちろん、こうした課題を解決するため新たな取り組みが行われ、ブロックチェーン技術は日々進化しています。

例えば、スケーラビリティの問題を解決するために導入されているのが、「シャーディング」と「ロールアップ」です。

「シャーディング」は、自前のブロックチェーンを使っているビットコインやイーサリアムなど「レイヤー1」と呼ばれるブロックチェーンにおいて、ブロックチェーンを個別セクターに分割し、システム容量を増加させ、トランザクションを平行処理するものです。

「ロールアップ」はレイヤー1のブロックチェーンをベースとするレイヤー2のブロックチェーンで用いられます。トランザクションをレイヤー2のブロックチェーンで処理した上で、一括してレイヤー1のブロックチェーンにつなぎます。

消費全力の問題については、イーサリアムが「プルーフ・オブ・ステーク」というコンセンサスアルゴリズムを導入しました。これは、ガス代（手数料）の高騰を抑えるとともに、消費電力を抑える狙いがあるとされます。

ブロックチェーンの間の相互運用も進んでいます。異なるブロックチェーンの間で、Web3で使われるトークンなどの移転やコラボレーションができればより効率的な運用が可能になります。

セキュリティの進化も重要なテーマです。次世代のコンピュータといわれる量子コンピュータが実現すれば、ブロックチェーンで利用されている公開鍵暗号方式が破られる可能性が指摘されています。そこで最近は、量子コンピュータでも破られない量子耐性暗号の開発が検討されています。

こうしたブロックチェーンの進化が、Ｗｅｂ３における新しいサービスの開発にもつながっているのです。

第2部

Web3は本当に社会を変えるのか

第4章

Web3が切り開く新しいネットの時代

そもそもWeb3とは何か？

デジタル資産の普及と並行して、ブロックチェーン技術を応用した様々なサービスやプロジェクトが登場しています。これらが「Ｗｅｂ３」と呼ばれるものです。**Web3はいま生まれつつある新しい産業のトレンドであり、それらが切り開く未知の世界です。**そのため現段階では、具体的なイメージや定義は様々ですが、共通して挙げられるのは次の４点だと私は考えています。

①　ブロックチェーン技術をベースにしていること
②　経済的なモチベーション（報酬）を組み込んでいること
③　様々な対象の分散化を目指していること
④　スマートコントラクトによる自動執行が可能なこと

①と②はデジタル資産と共通する基本的な要素です。広義または最広義のブロックチェーンには様々なバリエーションがありますが、ブロックチェーンを安定的に運用していく上で②は欠かせない条件です。一方、③と④は、具体的なサービスやプロジェクトによって捉え方や使い方が異なります。

Web3を理解する上で特に重要なのが③の「分散化」です。例えばビットコインなどの暗号資産では、取引データの記録（台帳）を所有したりする権限が参加者（ノード）に分散化されています。

Web3ではこうした権限に限らず、様々な対象が分散化されていくのです。

Web3の鍵を握る「スマートコントラクト」

Web3における分散化と密接な関係にあるのが④の「スマートコントラクト」と

呼ばれる仕組みです。

物品の売買や、労働を含むサービスの取引、保険や融資といった様々な経済行為は通常、契約を通して実行されます。また、その過程では契約書への署名捺印や登記、決済、支払いといった手続きを伴うのが一般的です。

こうした手続きをブロックチェーン上であらかじめプログラムしておき、一定の条件により自動的に執行する仕組みがスマートコントラクトです。

これを導入すると、いちいち人手を介する必要がなく手続きがスピーディーに行え、省人化、コスト削減、業務効率化が大幅に進む可能性があります。しかも、手順や実行の条件はブロックチェーン上に記録されているので、透明性や非改ざん性が担保されます。

スマートコントラクトの概念は１９９０年代には提唱されていましたが、具体的な仕組みとして可能になったのは２０１４年にイーサリアムのブロックチェーンが稼働してからです。

ビットコインのブロックチェーンでは基本的に、BTC（ビットコイン）の取引データを記録することしかできません。それゆえにシステムの堅牢性が高いのですが、**イーサリアムのブロックチェーンでは暗号資産としてのETH（イーサ）の取引に加え、多種多様な情報を一緒に記録することができます。**この機能がスマートコントラクトであり、ETH（イーサ）の取引と同時に様々なプログラムやアプリケーションを実行できるのです。

この仕組みを使って何ができるのか、いま様々な試みが進められています。それがまさにWeb3の世界です。

例えば、月末締め・翌月末払いといった支払い処理が、毎日、自動執行（支払い）できるようになるかもしれません。実際に導入するためにはその都度、業務執行の状況確認が必要ですが、そこさえ工夫できれば経理部を通す手間が省略できる可能性があります。

あるいは、いままでなら何度も会議を開き、様々な検討を経て実行されていた投資が、あらかじめ設定されたいくつかの条件がクリアされたことをオンラインで自動的に確認する仕組みによって、より効率的に行えるようになるかもしれません。

これらは、これまで当たり前と思われていたやり方に対する発想の転換です。習慣や常識になっていることを変えるのは抵抗があるものですが、実際にやってみたら案外うまくいったりするものです。**スマートコントラクトはそのきっかけを与えてくれる点に大きな魅力があるのです**。

まだまだアイデアレベルのケースも多く、実現には様々な課題が立ち塞がっているのが現状ですが、近年のイノベーションの速度を思うと期待が膨らみます。

「スマートコントラクト」はどのように機能するのか？

ここで、スマートコントラクトを生み出したイーサリアムについて触れておきましょう。

前にも述べましたが、**イーサリアムは、ヴィタリック・ブテリンというロシア系カナダ人の天才プログラマーが考案し、2014年から運用が開始された暗号資産（仮想通貨）です。**取引には「ETH（イーサ）」が用いられ、時価総額はビットコインに次ぐ規模になっています。

この暗号資産の大きな特徴は、金融資産としての性格が強いビットコインに対し、ブロックチェーンのプラットフォームを目的として開発されたことです。

特に、スマートコントラクトによって多くのトークンや分散型アプリケーション（DApps）が開発され、それらがWeb3における様々なサービス、プロジェクトとなって展開されています。

技術面でいうと、イーサリアムのスマートコントラクトは、ブロックチェーンへのデータの記録方式に鍵があります。

ビットコインの場合、ブロックチェーンに記録されるデータは「UTXOモデル」と呼ばれ、BTC（ビットコイン）の取引のみを記録する方式が採用されています。

送信者の手元（ウォレット）にあるＢＴＣは本来取引データなのですが、紙幣を切り刻んだり貨幣を割ったりして使えないのと同じように、分割して送ることはできません。そのため、ビットコインでは送金にあたってのお釣り分は再度、送信者のウォレットへ送る手続きをします。

これに対し、**イーサリアムは「アカウントモデル」という方式を採用しています。こちらは銀行口座のイメージです**。

送信者はアカウントにあるＥＴＨのうち好きな分量を受信者に送るようプログラムできますし、その際、様々な条件を追加することもできます。この追加条件がスマートコントラクトです。

ブテリン氏は「スマートコントラクトとは、条件に適合したときにだけ解錠される、価値を格納した暗号的な箱」と述べています。

言い方を変えると、ビットコインは外側の世界に対して閉じており、ＢＴＣの取引のみがブロックチェーン上で記録されます。

「UTXOモデル」と「アカウントモデル」のイメージ

<UTXOモデル>AからBへ、3.7BTCを送金する場合

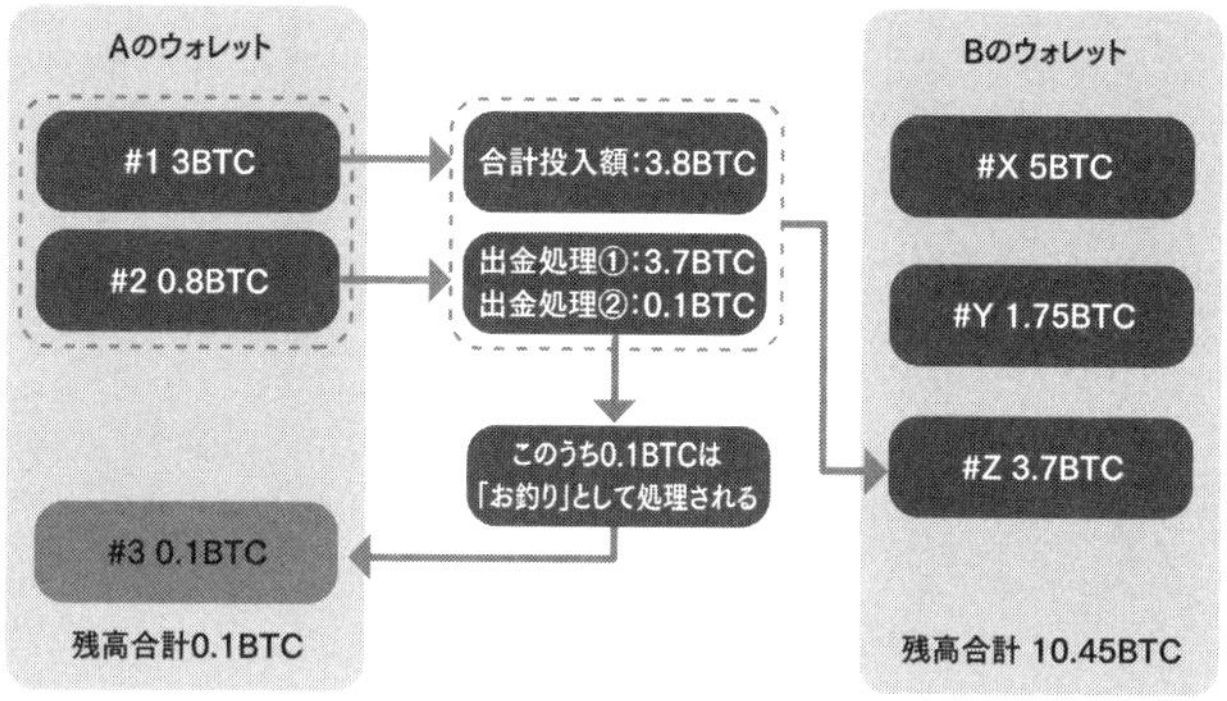

<アカウントモデル>AからBへ、3.7ETHを送金する場合

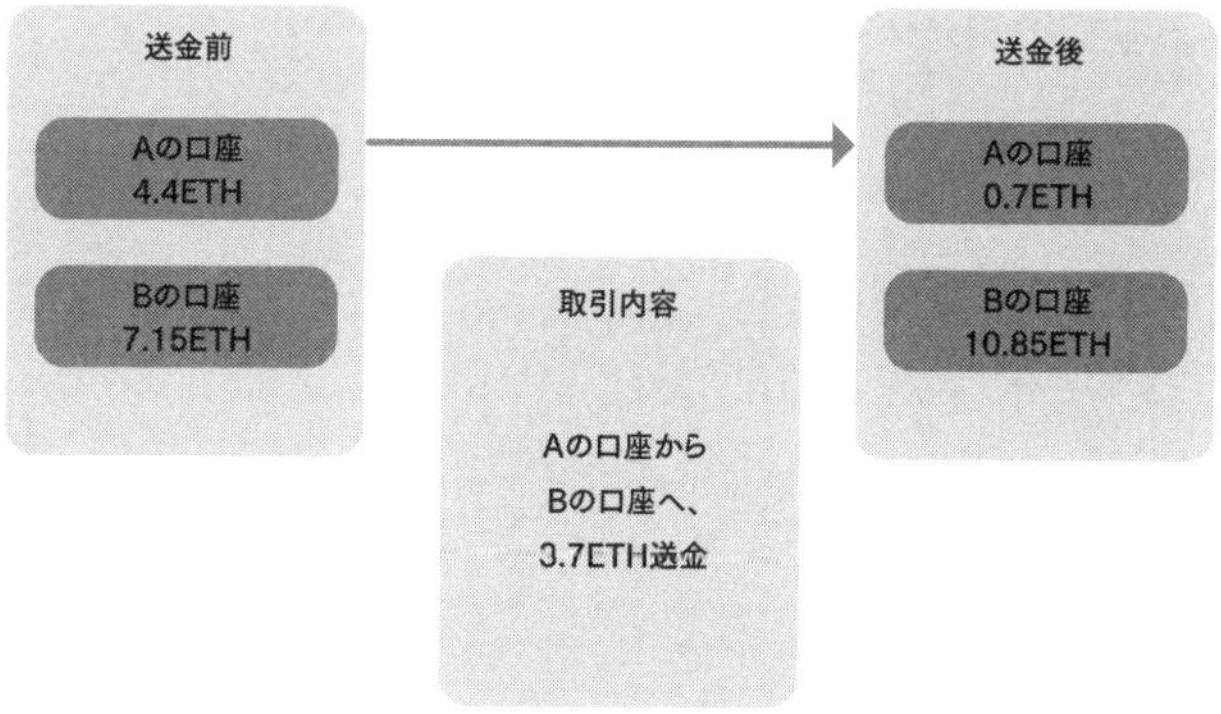

一方、**イーサリアムは外側の世界とのインターフェイスを持ち、これを「オラクル」と呼びます**。日本語で「託宣」という意味です。スマートコントラクトでは、オラクルによって提供されたデータにもとづき、あらかじめ設定されたプログラムが実行されます。

このインターフェイスには、「ソフトウェアオラクル」と「ハードウェアオラクル」があります。

ソフトウェアオラクルが取り扱うのはオンライン上の情報です。ネットワーク上に存在する情報をリアルタイムで取得・伝達できるこの仕組みは、為替相場やスポーツの試合結果、天候、航空機の遅延や欠航などの情報に対して、すでに活用されています。

ハードウェアオラクルが取り扱うのは、センサーやスキャナーなどの装置から取得される現実世界の情報です。倉庫内の在庫状況や製品の出荷確認、生体認証や入退室記録などへの応用が期待されており、ＩｏＴの延長線上にある技術として、本格的な活用に向けて研究が進んでいます。

「スマートコントラクト」と「オラクル」のイメージ

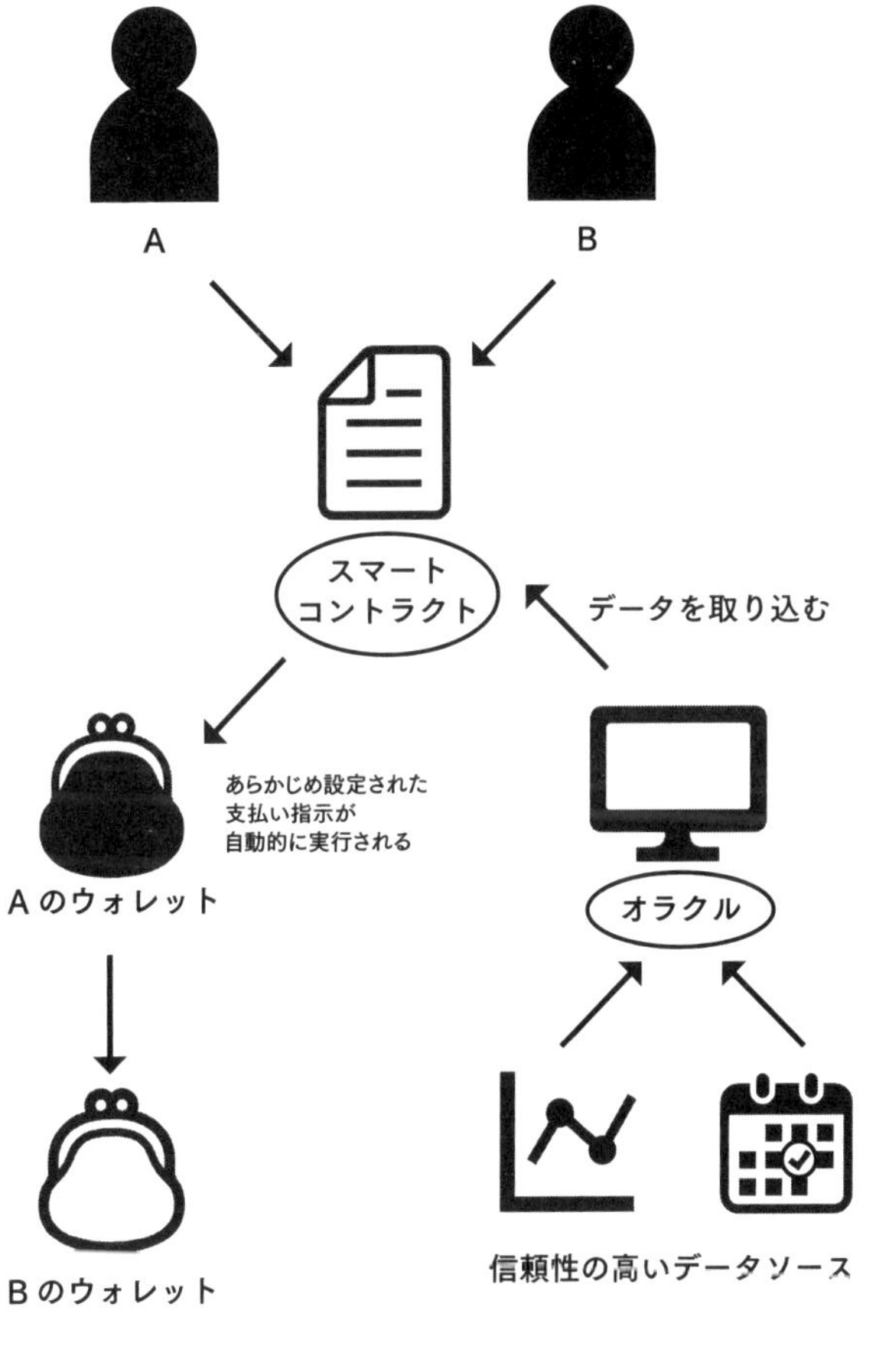

ただし、オラクルが取得する情報が正しいかどうかをどうやって確認するのか、もし間違っていた際にどう処理するのかという問題があります。スマートコントラクトにおいては、このオラクルの信頼性が非常に重要な課題です。

スマートコントラクトも結局のところは手段でしかありません。どう使いこなすかは設計次第なのです。

第5章

画像データを唯一無二のデジタル資産に変える「NFT（非代替性トークン）」

「取り替えがきかない」という意味は？

貴重で他に替えがきかないオリジナルなものには、高い価値がつきます。

バンクシーの版画のオリジナルを買おうとするなら数億円はくだらないでしょう。一方で、正式に許可された複製品の版画であれば、数十万円で手に入るケースもあります。また、単に絵だけを楽しみたいのであれば版画の写真でも何でも構わないのですが、それらは複製品よりもさらにずっと価値が下がります。

素人にとってはほぼ見た目が同じ作品でも、オリジナルであるかどうかで天と地ほども価値に差があるのです。

この場合に重要なのは、「本当にオリジナルである」という証明です。

オリジナルである証明をデジタルに実現したものが「NFT（エヌ・エフ・

FT(Fungible Token)とNFT(Non-Fungible Token)の違い

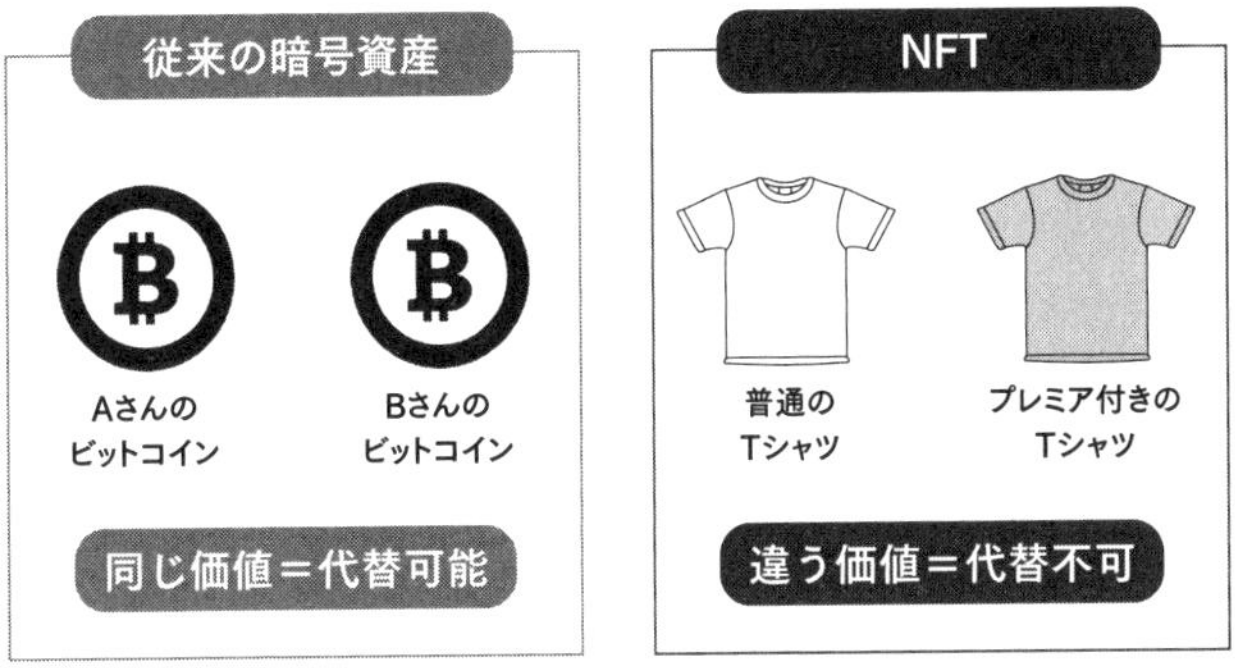

ティー)」です。NFTはWeb3で最初にブームを巻き起こしたサービスといえます。

一時はNFTによるデジタルアート作品が数十億円で購入されるなど熱狂的な盛り上がりを見せました。いまはかなり落ち着いてきており、地に足のついたビジネスや社会貢献、地域創生などでの利用が進んでいます。

そもそもNFTとは**Non-Fungible Token**の略で、「非代替性トークン」と訳されます。非代替性トークンの対義語は「代替性トークン」で、ビットコインなどが当てはまります。

例えばAさんが持っている1BTCとBさんが持っている1BTCは、取引においては

NFTの仕組み

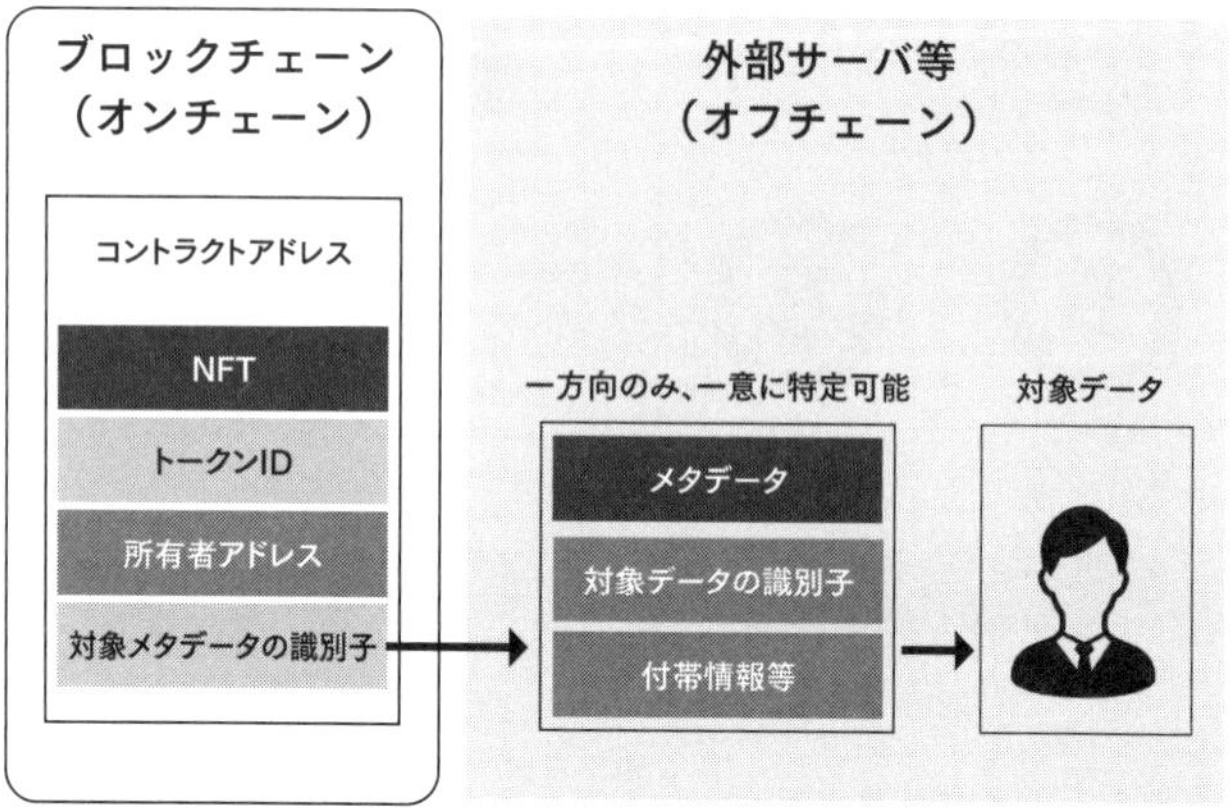

同じ価値を持ち、代替可能（Fungible）なので代替性トークンです。

それに対しNFTは、スマートコントラクトを利用してブロックチェーン上で個々のデジタルデータに特殊な符号データを付け加え、取り替えがきかないものとして扱えるようにします。

要するに、バンクシーのサインやシリアルナンバー、鑑定書のような「オリジナルの証明」となる情報を、デジタルデータで作成するのです。

画像データはパソコンやスマートフォン上で簡単にコピーできてしまいますが、NFTはブロックチェーン上で取引しなければ入手できません。

現実のアート作品などはオリジナルの証明に様々な工夫が必要で、万が一紛失したりすると、再度オリジナルを証明するのに大変な労力がかかったりもします。それに比べるとデジタルな符号データによる証明はずっと簡単です。

取引対象となる本体データの容量が大きい場合によくあるのは、NFTの番号（トークンID）、所有者アドレス、本体データの識別子などをブロックチェーンに記録し、アイテムの名称、作成者、発行日など関連情報（メタデータ）および取引対象となる本体データは外部（オフチェーン）に置くパターンです。

こうすると、例えばディスプレイに表示されたデジタルアート（画像）はスクリーンショットを撮ってコピーできますが、**コピーした画像を勝手にNTFにしても、コピーにはメタデータが存在しないので、オリジナルとコピーを区別できます。**

NFTではスマートコントラクトにより、転売で所有者が変わるたびに新しい所有者情報を追加で記録したり、転売された際の売上の一部（ロイヤリティ）を元の制作者に配分したりといったプログラムを組み込んでおくこともできます。

なお、ＮＦＴとしては、リアルな作品と紐付けたＮＦＴもあります。実際の絵画の所有権を分割した権利などの証明書をＮＦＴ化するのです。これによって元の絵画の流動性が高まり、作品の市場価値が上がる可能性があります。またＮＦＴのプログラムによって、転売された際の利益を転売のたびに原作者に還元することも同じく可能です。

トレーディングカードやデジタルアートのほかマーケットプレイスも

ＮＦＴの具体例としてはまず、デジタルアートをはじめ、音楽、写真、ゲームアイテム、コレクションアイテム、実物アート作品やその所有権などが挙げられます。

特にＮＦＴが注目されるきっかけになったのはＮＦＴのトレーディングカードとアートです。

NTFの主要カテゴリ

カテゴリ名	内容・主なサービス
コレクティブ	主に保有や収集を目的とし、希少性に価値をもたせたNFT（例：CryptoPunks、Hashmasks、Bored Ape Yacht Clubなど）
スポーツ	実在するスポーツ選手や実際のスポーツの試合などと関連させ、スポーツの新しい楽しみ方を提供するNFT（例：Sorare、F1® Delta Timeなど）
アート	アーティストが生み出すデジタルアートNFT（例：Ralible、SuperRare、Beepleなど）
ゲーム	ブロックチェーンゲームなどのゲーム内で利用できるアイテムやキャラクターをNFT化したもの（例：CryptoSpells、My Crypto Heroesなど）
メタバース	デジタル上の仮想世界の土地や、建造物、アイテムをNFT化したもの（例：The Sandbox、Cryptovoxels、Decentralandなど）

※出典：『NFTの教科書』天羽健介・増田雅史編著（朝日新聞出版）

「Open Sea」のWebサイト（日本語）

出典：https://opensea.io/

２０２０年10月、カナダのDapper Labs社が米プロバスケットリーグのＮＢＡと提携し、プレイヤーの画像や動画を使ったＮＦＴのトレーディングカードゲーム「NBA Top Shot」をリリースし、爆発的な人気になりました。

また、２０２１年2月に行われたクリスティーズ・オークションでは、デジタルアーティストであるBeeple（本名マイク・ウィンケルマン）氏のＮＦＴアート作品が約７０００万ドル（当時のレートで約75億円）で落札され大きな話題になりました。ただし、さすがに当時はバブル的状況であり、

「Blur」のWebサイト

出典：https://blur.io/

その後大きく下落しました。

NFTには他にも様々なジャンルがあり、Web3では最も普及しているサービスです。

活発な取引によって、国内外には次々とNFTのマーケットプレイスが誕生しています。そこでは、トレーディングカードやデジタルアート、音楽、動画など幅広いジャンルの商品をNFTにして出品（発行）したり、購入したり、二次販売したりすることができます。

代表的なのは、2017年にスタートした「OpenSea」です。一時は世界最大級のＮＦＴマーケットプレイスとなり、世界シェアは90％以上ともいわれました。コンテンツのジャンルが多岐にわたり、取引に使える暗号資産の種類が多いといった特徴があります。

現在、ＯｐｅｎＳｅａを抜いてＮＦＴマーケットプレイスのトップに躍り出ているのが２０２２年10月にスタートした「Ｂｌｕｒ（ブラー）」です。

Ｂｌｕｒの大きな特徴は、他のＮＦＴマーケットプレイスで出品されているＮＦＴの情報を統合し、価格や売買状況を比較することができるアグリゲーター機能があることです。また、複数のＮＦＴを一括で購入・売却でき、手数料を節約したり手間を省くことができます。

さらに、独自トークンの「ＢＬＵＲ」を発行しており、ＮＦＴの購入や出品手数料を支払いに使えるほか、Ｂｌｕｒのガバナンスに参加することもできます。

使い方次第で新しい価値創造が可能

NFTの取引市場は2021年から2022年にかけて熱狂的に盛り上がりましたが、2022年後半からは低迷し、冬の時代に入ったと言われました。

しかし、2023年から復調の兆しが出てきています。**投機的な動きが収まることで、ブロックチェーンゲーム、地方創生や環境保護プロジェクトなどより地に足のついた試みが増えてきています。**

例えば、日本総合研究所と社会福祉法人わたぼうしの会では2024年2月から、障害のある人と共創するNFTアートのプロジェクトを立ち上げました。NFTを通じて外部と障害福祉の現場がつながれる場を提供し、より多くの人に障害福祉に関心を持ってもらいたいという願いからです。

具体的には、わたぼうしの会が主催するワークショップにおいて、障害のある人とない人が外部のデザイナーと一緒に100種類の「グッドジョブさん」と呼ばれるNFTを作成。NFTのデザインは顔や手のパーツが100種類、体のパーツが100種類あり、コンピュータ上でランダムに組み合わせたものです。販売価格は0・01ETH（約3300円）、発行数は1000で、収益はわたぼうしの会に分配され、障害者への還元と運営維持費にあてられます。

ランダムなパーツの組み合わせができるのはデジタルならではですし、決して大きくはない団体が広く販売を行うためにネットでのデジタルアートは適しています。

これを現物のアート作品でやろうとすると膨大な作業だけでなく、作品を保管・販売するための場所やコストがかかります。それでも従来は現物の「一点もの」に価値があったのかもしれませんが、NFTであればその価値もデジタルに再現することができるのです。

一方で、NFTには課題もあります。例えば、NFTとして販売されたデジタル

NFTアートコレクション「グッドジョブさん」のイメージ

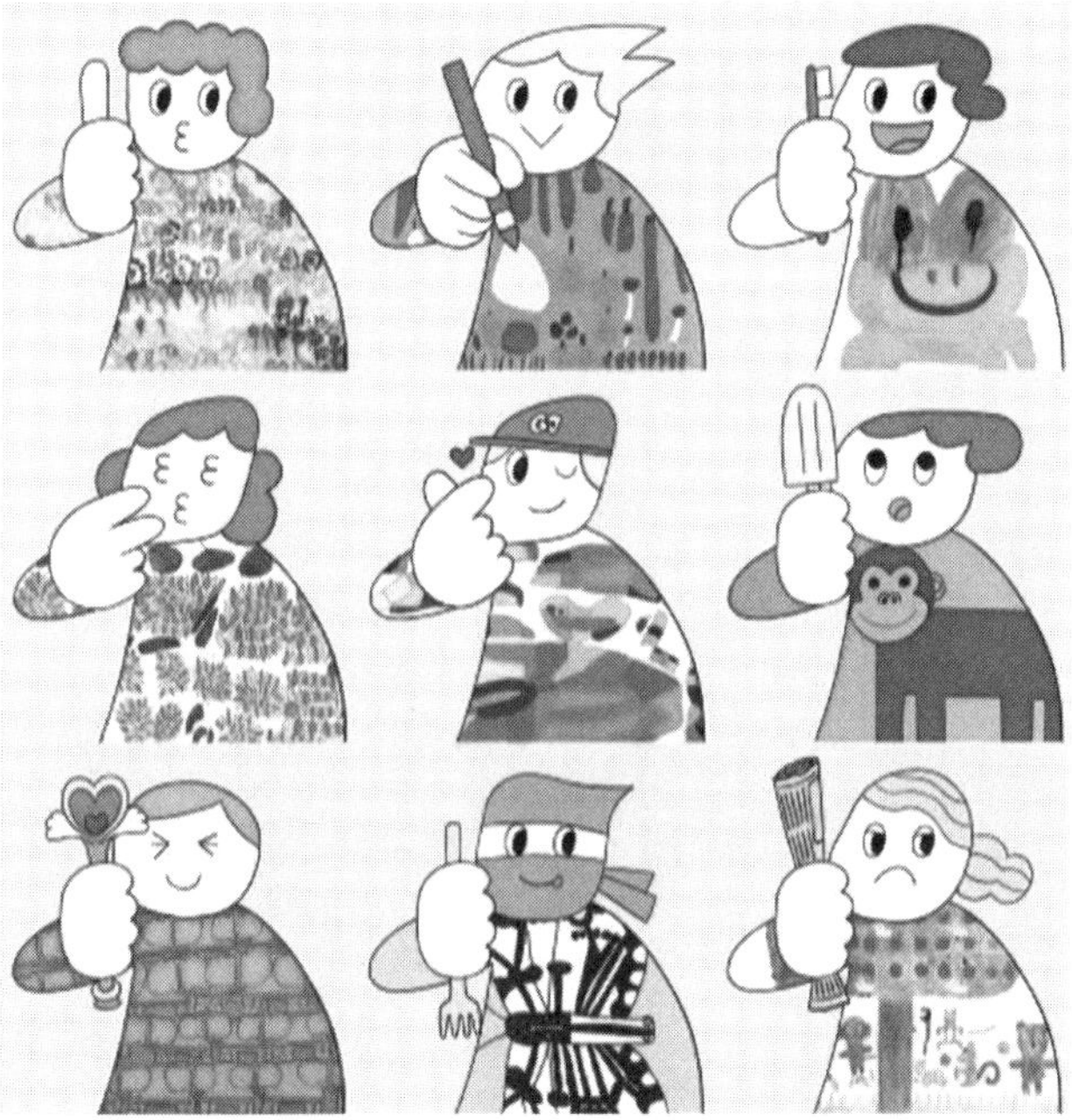

出典：https://prtimes.jp/main/html/rd/p/000000057.000068011.html

アートは、ブロックチェーン上では唯一性が確認できますが、**他人が作成したデジタルアートを勝手にＮＦＴ化して販売したり、制作者が同じデジタルデータを別のＮＦＴとして販売することは防げません。**複数の同じＮＦＴアートが存在し、どれがオリジナルなのか判別できなくなる可能性は残ります。

そもそも、何でもＮＦＴにすれば良いわけではなく、**本当に価値があるＮＦＴかどうか、ＮＦＴにする必要があるのかどうかが今後は問われてくるでしょう。**

その点において日本には、マンガやアニメという世界に通用する有力なコンテンツが数多くあり、ＮＦＴとの親和性が高いといえます。実際、集英社や講談社は自社が保有する人気マンガのコマやキャラクターイラストといったＩＰ（知的財産権）を活用したＮＦＴビジネスを展開しており、海外でも人気です。

このようにＮＦＴには新しい産業振興のヒントが詰まっているのです。

第6章

ブロックチェーンでつながる超民主的組織「DAO（分散型自律組織）」

新しい組織のあり方を目指すＤＡＯ

ＤＡＯ（Decentralized Autonomous Organization）は、ブロックチェーン技術を基盤とした新しい組織形態のことです。Ｗｅｂ３において、ＤＡＯはＮＦＴと並んで早くから関心を集めてきましたが、個人的にはこれまでのところ、イメージ先行で実際のメリットや効果がよく見えないと感じています。とはいえ、大きな可能性を秘めた仕組みであることは間違いありません。その本質と限界をよく理解しておきましょう。

ＤＡＯには明確な定義はありませんが、トップダウン式の管理機構が存在しないこと、メンバーによる自律的な組織運営が行われること、組織運営においてスマートコントラクトが活用されること、などが共通する要素として挙げられます。

トップダウン型組織とDAOのイメージ

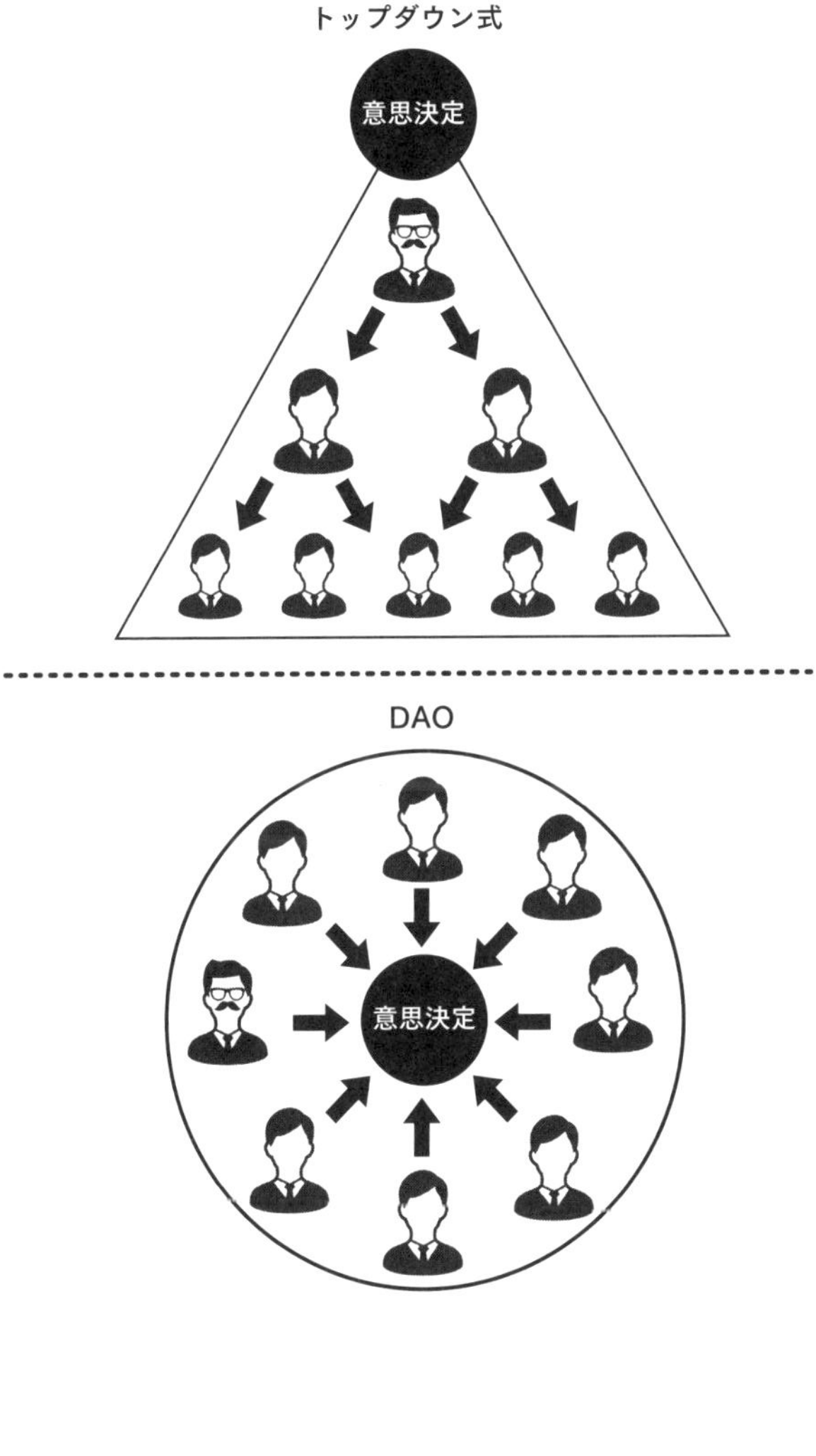

こうした特徴によって、中央管理者が存在しなくても（あるいは存在しないからこそ）、自律的で透明、公平な意思決定が行われ、業務などもスマートコントラクトによる自動化でスピーディーかつ効率的に行われるとされます。

政治への応用も提案されており、例えば投票にブロックチェーンを活用することで安定したインターネット投票環境を実現したり、政治家の選挙公約やその後の政治活動についてブロックチェーンに履歴を残し、有権者のチェック機能を働きやすくしたりといったことが期待されます。

２０２１年にはアメリカのワイオミング州で世界に先駆け、ＤＡＯを法人として認める法律が施行されました。アメリカでは、デラウェア州が法律や裁判手続きでビジネスにやさしい州として多くの企業が設立登記していますが、ワイオミング州はＤＡＯをはじめＷｅｂ３において同じポジションを目指しているといわれます。

地方創生での活用やクラウドファンディング的なアプローチも

日本では新潟県長岡市の山古志地域（旧山古志村）の取り組みが有名です。山古志地域は人口800人ほどの村ですが、2021年に地元の名産品である錦鯉をシンボルにしたデジタルアートのNFT「Colored Carp」を発行し、約350人のデジタル村民が誕生しました。

そして、「山古志デジタル村民総選挙」と称し、NFTの売上の約30%を充てて山古志地域を存続させるためのプロジェクトプランをデジタル村民より募集。その後、公開ディスカッションを経て投票を行ったりしています。

海外の例としては、老化の克服や寿命延長を目的とした医薬品開発を自律分散型組織で主導する「VitaDAO」というプロジェクトがあります。

山古志村のNFT「Colored Carp」

出典：https://x.com/nishikigoiNFT

このプロジェクトは、資金が集まりにくい初期段階の長寿研究に資金提供することに特化。資金提供した研究から生み出されたＩＰ（知的財産権）はＮＦＴ化して製薬会社などに貸し出したり、売買したりすることで売却益や取引手数料などを得るとしています。

ＤＡＯの運営のため「ＶＩＴＡ」というガバナンス・トークンを発行しており、このトークンを持つメンバーは、どのＩＰがＤＡＯから資金提供を受けられるかの調査、プロジェクトの営利化の方法の決定、ＶｉｔａＤＡＯのガバナンス、資金マネジメントなどの意思決定に参加することができます。

地方での「関係人口」づくりのきっかけとして期待

山古志地域のように地方創生の一環として、いわゆる「関係人口」を増やすためのきっかけとしてDAOは有望であり、今後の展開も期待できます。

関係人口とは、移住した「定住人口」でもなく、観光に来た「交流人口」でもない、地域と多様な関わり方をする人々です。

日本の地方は人口減少・高齢化が進み、地域づくりの担い手不足に直面していますが、変化を生み出す人材が都市部と行き来する例が増えており、DAOによって地域のオリジナルNFTを発行し、デジタル村民やデジタル町民を集め、イベントなどに参加してもらうのです。

地方創生以外では、「Vita DAO」のようなクラウドファンディング的なアプ

VitaDAOのWebサイト

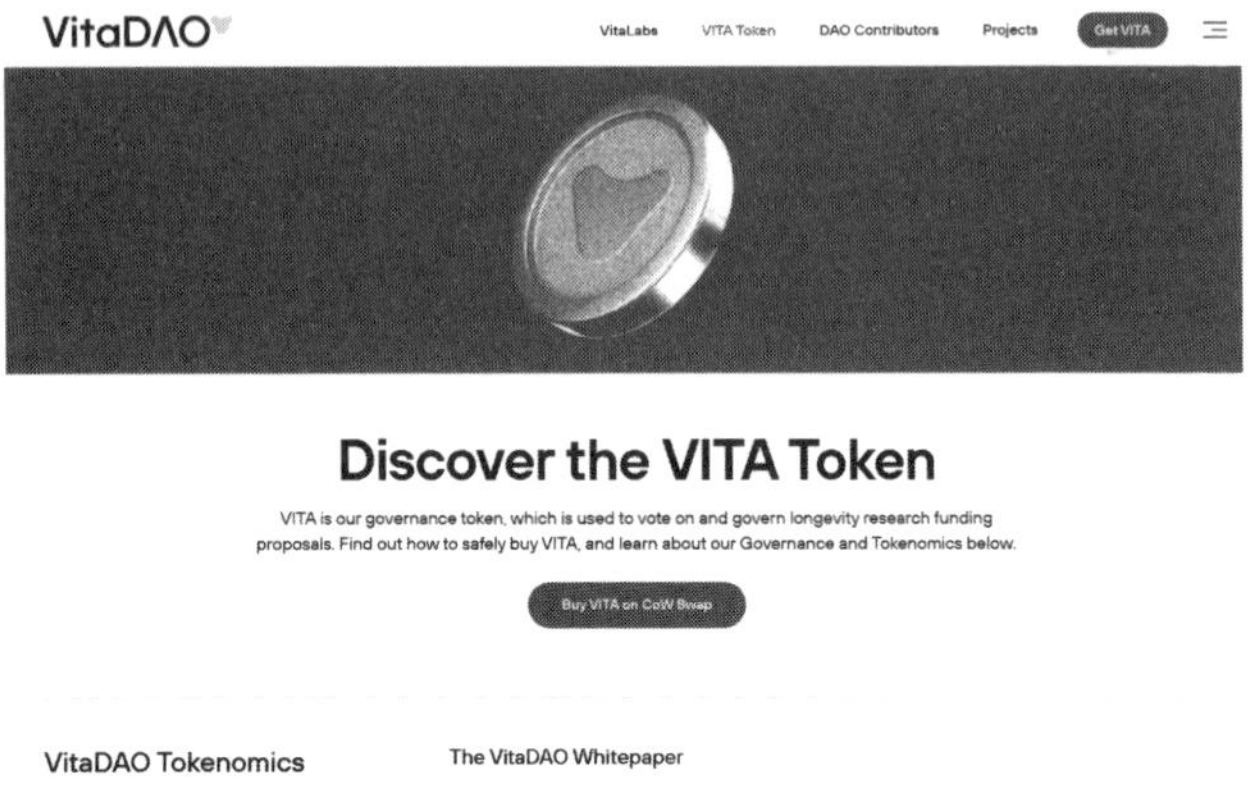

出典：https://www.vitadao.com/

ローチも、様々な分野で考えられます。

ただし、DAOは仕組みにすぎません。トップダウン式の管理機構や中央管理者が存在しないという理由だけで、自律的で透明、公平な意思決定が行われるわけではありません。きちんと組織マネジメントができる人材がいるかどうかがポイントになります。

日本では、株式会社、一般社団法人、NPO、有限責任投資組合など様々な法人形態が認められており、何らかの組織をつくって運営していく上ではDAO意外にもいろいろな選択肢が存在しています。

ここでもやはり、**Web3としてのDAOを利用する意味があるかどうか、DAOを使うことによってどんなメリットを生み出せるかが重要だと思います。**

第7章

従来の広告ビジネスのアンチテーゼ「分散型広告」

広告表示を利用者がコントロール

Webブラウザで表示される広告を自分でコントロールして、しかも広告を見ることでトークンまでもらえる。そんなサービスもWeb3では可能です。

従来のブラウザを利用するときは、検索したキーワードや閲覧したコンテンツに基づいて関連する広告が表示されます。これらを自分の趣味嗜好に紐付く「お助け機能」と感じる人もいれば、「おせっかい」で少しうっとうしく感じる人もいるでしょう。また、企業などが広告費を支払って半ば強制的に表示される広告もあり、こういった押し付け型の広告には嫌悪感を持つ人も少なくありません。

こうした従来型のブラウザサービスは、まさに中央集権的なWeb2サービスです。グーグルなどの巨大なプラットフォーマーがブラウザを普及させ、広告枠を提供することで莫大な収益を上げています。広告がどのように表示されるかというアルゴリズムや、広告費など、すべてはプラットフォーマー次第という点で中央集権的です。

ＹｏｕＴｕｂｅも広告がグーグルの収益源であり、コンテンツを提供するＹｏｕＴｕｂｅｒは広告費の一部をグーグルから支払われる形で収入を得ています。これもまた、広告費の支払いを増やすも減らすもグーグルの自由であり、万が一「このモデルをやめる」となってしまったら、ＹｏｕＴｕｂｅｒたちは途端に収入を絶たれます。グーグルが生殺与奪を握っている、中央集権的な仕組みです。

巨大プラットフォーマーは莫大な数の消費者、広告主、コンテンツ制作者を一手に抱え、情報とお金を集めて分配する、まさにWeb2の王様です。

広告のお金を払っているのは広告主ですし、ＹｏｕＴｕｂｅに苦労してコンテンツをアップしているのは動画制作者なのですから、不公平な搾取のように感じる人もいるかもしれません。

しかしそうではなく、支配的なプラットフォームをつくったり、所有したりしていることにとんでもない価値があるのが、Ｗｅｂ2時代のビジネスの仕組みだということです。

また、ＹｏｕＴｕｂｅやX、Ｉｎｓｔａｇｒａｍなどのプラットフォームが存在しなければ、いわゆるインフルエンサーのビジネスそのものが生まれなかったわけですから、ある程度は権力を握られるのも仕方がない面はあるでしょう。プラットフォームも運営に莫大なコストがかかるわけですから、なにも寝ているだけで稼いでいるわけではありません。

このようなＷｅｂ2時代のビジネスが、ブロックチェーンの登場によって変わろうとしています。わかりやすい変化のひとつが、Ｗｅｂ3ブラウザによる分散型広告モデルです。

「Braveブラウザ」のWebサイト

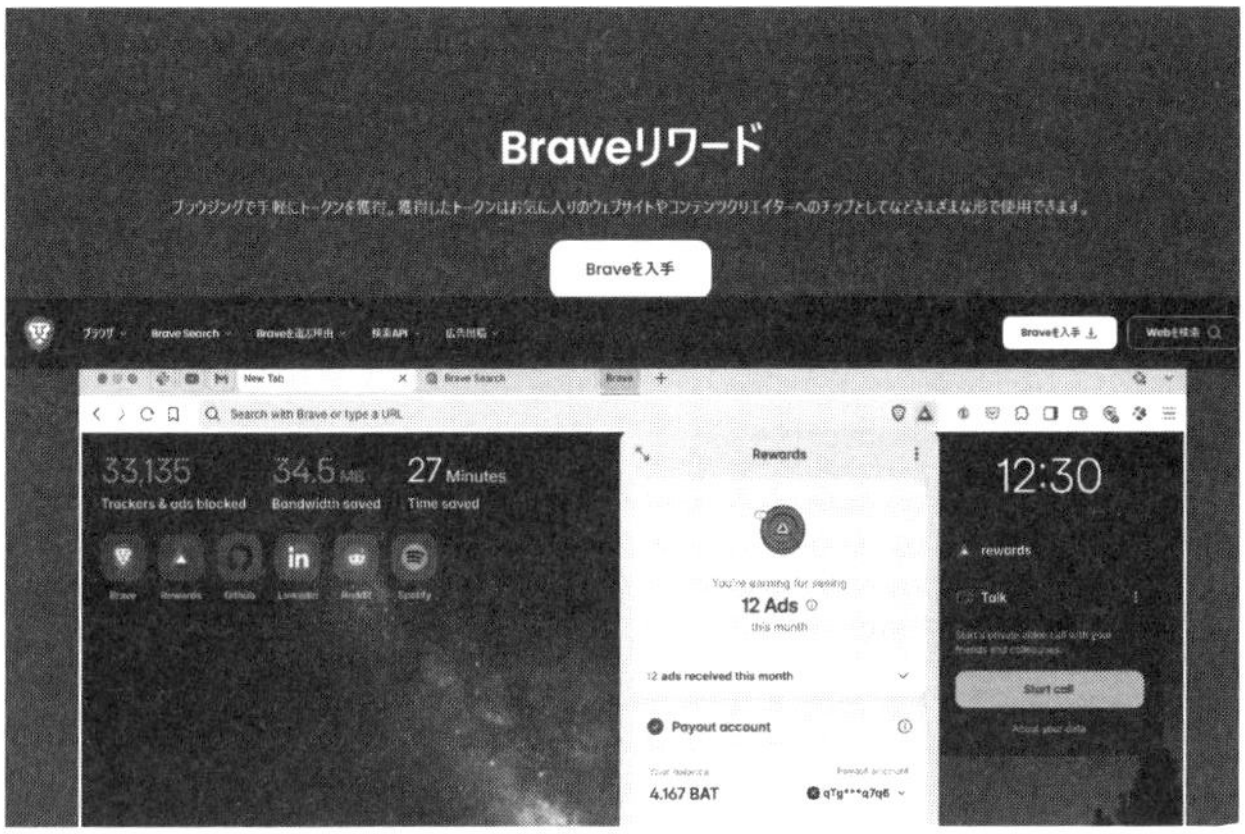

出典：https://brave.com/ja/brave-rewards/

広告を見ることで資産が増える分散型広告

Web3ブラウザの代表的なサービスがアメリカのBrave社が提供する「Braveブラウザ」です。

このブラウザの設計思想は、情報と収益の分散（あるいはシェア）といえます。Web2時代とは真逆のモデルと捉えても差し支えないでしょう。

極めて特徴的なのが、広告主と利用者を直接つなげる点です。Braveブラウザは独自のブロックチェーンを使っていて、ネット広告の表示と情報のトラッキングをブロックします。また、サードパーティのクッキーや追跡（ブラウザフィンガープリント）を防ぎ、httpで接続したサイトがhttpsに対応していれば自動的に変更したり、悪意あるコードの実行を阻止したりします。

Web2ではブラウザ側が積極的に広告主と利用者の接点をつくり、双方の間に入ることによって収益を得ていたのですが、Braveブラウザは逆に切り離すようなシステムになっています。

一方で、利用者は自分が興味のあるジャンルの広告表示を許可でき、広告表示によって「BAT（Basic Attention Token）」と名付けられた独自のトークンを得られます。BATは他の暗号資産（仮想通貨）に交換することもできます。

こうして、利用者が自らの意志で広告に接触する余地ができ、それによる収益も広告主とブラウザ、さらに利用者も含めてシェアされます。これが分散型の広告モデルです。

トークンの価値向上が普及の鍵

分散型広告プラットフォームとWeb3サービスは、ネット利用における透明性の向上や広告主とユーザー間の利益をバランスさせる新しいビジネスモデルとして今後、広く普及していく可能性があります。

従来、広告は「見せられるもの」であり、ともすれば忌避されるものでさえあったわけですが、それを逆手にとって、広告を見ることを価値化した点が非常にユニークなモデルだと思います。

ただし、いまのところBraveブラウザで得られるトークンの金額は一ヶ月で数十円から数百円レベルといわれます。

これではあまり利用者のモチベーションアップにはなりません。実際、現状で

Ｂｒａｖｅブラウザを使っている人は、ほとんどが広告ブロッカー目当てでしょう。

トークンは利用者と用途が広がるほど価値を高めていきます。**いかにトークンの価値を高めていくかが今後さらなる普及の鍵になりそうです**。

第8章

デジタルな新しい信用で成り立つ
新時代の金融システム
「DeFi（分散型金融）」

銀行を信用するか、テクノロジーを信用するか

中央集権的なビジネスのわかりやすい例のひとつが金融です。

私たちは金融資産の多くを銀行や証券会社といった金融機関に預けています。また、誰かの口座にお金を振り込んだり、株や投資信託を売買したりする場合には、その仲介を担う金融機関に手数料を支払います。銀行にお金を借りる際には利息を支払います。

お金に関する様々な手続きを行うには金融機関のお世話になることがほとんどで、Web2的にいえば、金融機関はお金のプラットフォーマーと呼ぶべき存在です。

金融サービスは私たちが円滑で安全な経済活動を行うために不可欠なものですが、Web3の登場によって従来とは異なる金融の仕組みが生まれようとしています。それがDeFiです。

DeFi（ディファイ：Decentralized Finance）とは、直訳すれば「非中央集権的な金融」ということです。ブロックチェーンをベースに、銀行やクレジットカード会社などを介さず、ユーザー同士が直接取引する金融サービスを指します。

ユーザー同士が直接取引するため各種手数料などが不要になる可能性があり、利用者に大きなメリットがあるといわれます。ただ、安全性（相手の身元確認など）をどう確保するのか、トラブルが発生した際の処理をどうするのかなど、社会に広く普及するにはまだまだハードルがあります。

現在の金融サービスが成り立っているのは、金融機関に対する信頼があるからです。誰もが知っている銀行が「小田から100万円預かっている」と間違いなく証明してくれる信頼があるので、お金を預けるのです。そんな金融サービスを提供するには途方もないコストや厳重な管理の仕組みが必要ですから、巨大な資本が中央集権的に行うのにはそれなりの理由があるといえます。

ところが**資産のデジタル化がますます進み、Ｗｅｂ３をベースにした経済活動が普及してくれば、デジタルな金融システムへの信頼が従来の金融機関と比肩するレベルになる可能性はあります**。また、銀行がシステムの改修でトラブルを起こしたり、貸金庫からの盗難が起きたりといったことが相次ぐと、従来の金融機関への信頼が揺らいでしまうこともあるでしょう。

すでにＤｅＦｉサービスとして様々な試みが登場しており、代表的なのがＤＥＸ（Decentralized Exchange：分散型取引所）と呼ばれるものです。

一般的な暗号資産取引所は、管理者として運営会社が存在し、手数料体系や取引のルールを管理者が決めています。また、顧客保護のための法的な規制もあります。**ＤＥＸはこれに対し、ユーザー同士が暗号資産（仮想通貨）を直接取引できるため、管理者を介する必要がありません**。

また、一般的な暗号資産取引所では、運営会社が決めた暗号資産（仮想通貨）しか取引できませんが、ＤＥＸでは誰でも好きな通貨を持ち込んで取引することができます。

DeFiのイメージ

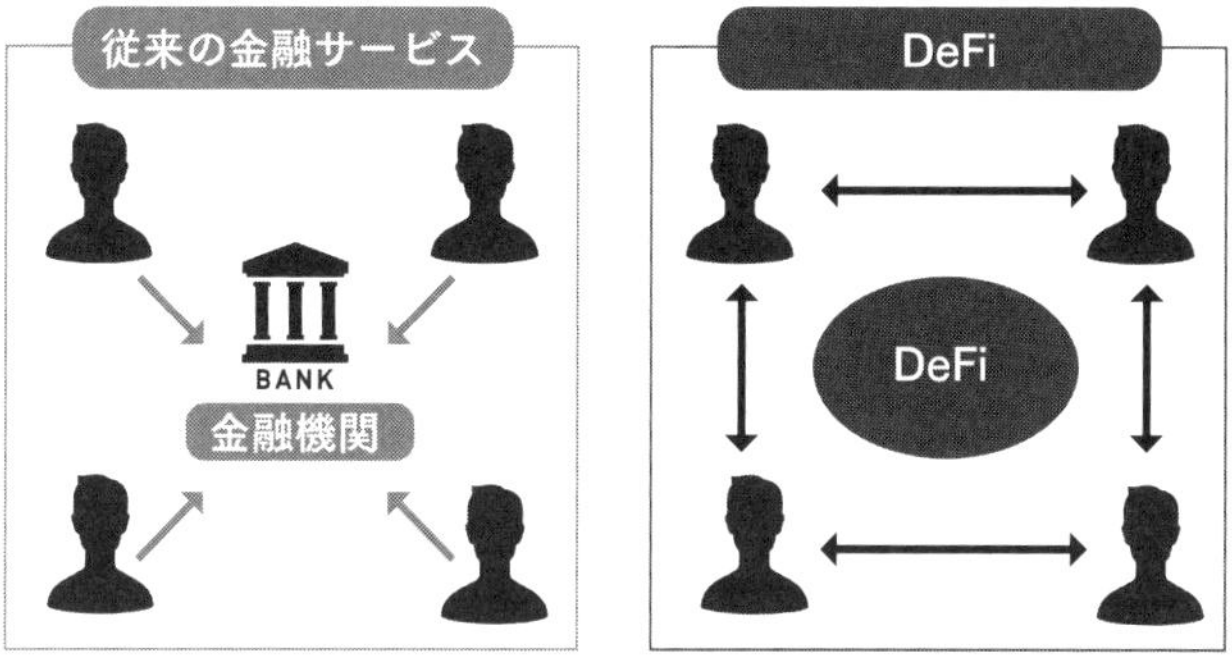

金融機関が金融サービスを集約して提供する

分散型で、自律的にサービスが提供される

与信が自動化されるデジタル資産の金融

DeFiのうち、レンディング（金銭貸借）向けの分散型取引所の代表例が2018年にスタートした「Compound」です。

暗号資産の貸出・借入の仲介プラットフォームで、貸し手は自分の暗号資産を預け、世界中から借り手を探します。借り手は借りた暗号資産を担保に法定通貨や他の暗号資産を調達するなどの形で利用し、貸し手には一定の対価（金利）を

「Compound」のWebサイト

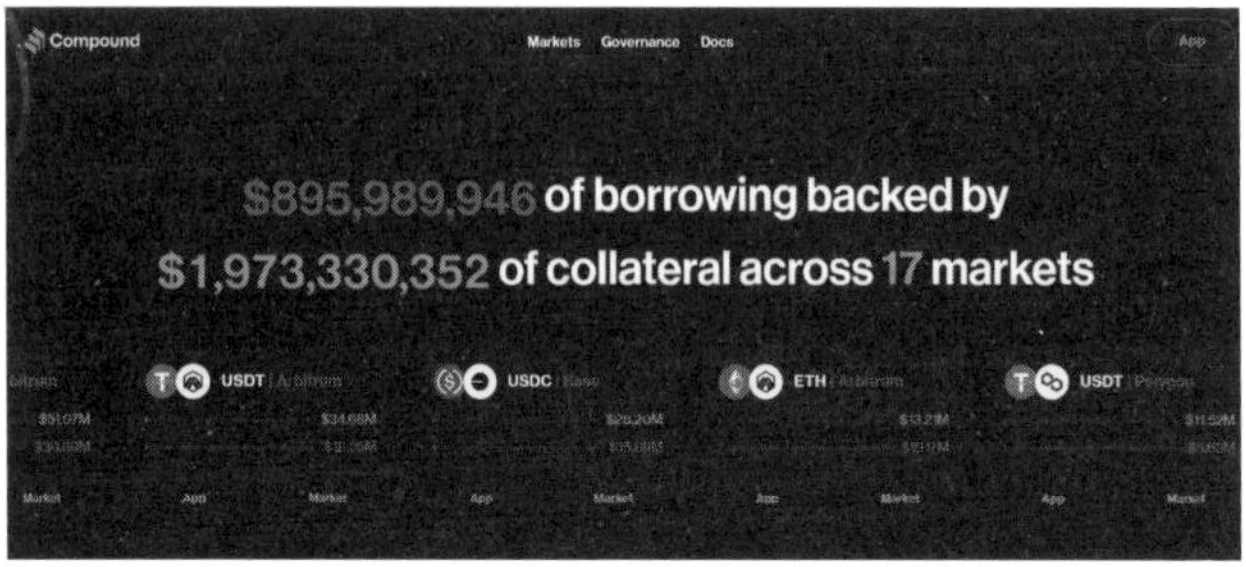

出典：https://compound.finance/

支払います。

通常のレンディングとの大きな違いは、いちいち借り手の審査を行わないことです。貸し手としては、一定の条件が満たされればプラットフォームに預けた暗号資産を貸したり、返却してもらったりする契約を、スマートコントラクトでブロックチェーンに記録しておけばよいからです。

その結果、相手方の信用力が確認できなくても、レンディングが可能になるのです。

「UNI（ユニスワップ）」も2018年にスタートしたDEXです。イーサリアムのブロックチェーン上で運用されており、自動的にマッチングを行いながら取引を成立させていくのが特徴です。金利が需要と供給のバランスでリアルタイムに調整され、ユーザーは自動的に最適な金利を受け取れます。

自動的なマッチングを可能にするための工夫として、自分が所有する暗号資産を提供する参加者には「UNIトークン」が発行されます。これにより、流動性が確保され、スピーディーな取引が可能となっているのです。

UNIトークンは、ブロックチェーンのプロトコル変更などサービス運用上のルールについての決定に参加するためにも利用されます。

何が起こっても自己責任

他にも、新しいコンセプトに基づくDeFiサービスが次々に登場しています。そのひとつがDeFAI（Decentralized Finance×AI）で、分散型金融（DeFi）と人工知能（AI）の技術を融合させたものです。

「UNI（ユニスワップ）」のWebサイト

出典：https://app.uniswap.org/

DeFAIは、データ分析、予測モデリング、意思決定などを自動化することでDeFiの効率性とスピードを向上させ、24時間365日稼働する自律的なシステムを目指すといいます。

具体的には、ＡＩがユーザーの投資目標、リスク許容度、過去の投資履歴などを考慮した上で、最適な投資ポートフォリオを提案したり、市場の動向を分析して投資タイミングをアドバイスしたり、さらには自動的に取引を実行したり、不正な取引を検知して対策を講じたりするのです。

もしこれが本当に可能になれば、ユーザーは

「ほったらかし」で投資ができるようになります。

ただし、DeFiにもいろいろ課題があります。**特に注意しなければならないのは、現状ではDeFiを騙った詐欺的なプロジェクトも存在することです。**

銀行や証券会社の場合は、各国の法律などに基づく規制や義務などがあり、特に利用者保護には力を入れています(それでも不祥事は起こりますが)。

しかし、DeFiはいまのところ日本の法律では認可されていないサービスであり、利用者保護の仕組みも存在しません。管理者によるサポートもなく、何が起きてもすべて自己責任です。

また、DeFiでは一般に、プラットフォーム上での取引成立のために売り、買いの注文を提供するLP(Liquidity Provider)と呼ばれる投資家が重要な役割を果たします。こうしたLPは個人投資家であっても、日本国内では金融商品取引業や投資運用業の登録が必要になる可能性があります。

DeFiはWeb3の中でも特に、金融そのものに関わるサービスです。私は

ＤｅＦｉには大きな可能性を感じていますが、広く社会に普及するためには今後の法律や規制との整合性が求められるでしょう。

第9章

ゲームプレイの時間さえも価値化する「GameFi（ブロックチェーンゲーム）」

ゲームで稼げるPlay to Earnとは？

近年、ゲームがお金を稼ぐ手段として広がっています。よく知られているのは、有名なゲームの大会でプロゲーマーとして賞金を稼ぐ「eスポーツ」。それからＹｏｕＴｕｂｅなどでゲームの実況動画を配信して広告費やスーパーチャット（いわゆる「投げ銭」）を収益にする「ゲーム配信」ではないでしょうか。

私もマリオカートで子どもと遊んだりすることがありますが、あくまでもゲームは遊びでしかなかったので、いまのようにプレイヤーも巻き込んでビジネスの領域が広がっているのを見ると、隔世の感があります。ちなみに私はマリオカートが子どもよりもはるかに下手なので、とてもゲームの競技や配信では稼げないでしょう。

現状では、ｅスポーツ選手や配信者のように、競技スキルや配信時のトーク力がなければゲームで稼ぐことはできません。しかし**Ｗｅｂ３の世界では、ゲームをプレイ**

することと自体を価値に変えられる、新しい仕組みのゲームが登場しています。それがＧａｍｅＦｉ（ゲーミファイ）です。これはオンラインゲームにＤｅＦｉの要素を掛け合わせたブロックチェーンゲームです。

特に注目されているのが、ゲームをプレイすることで稼ぐPlay to Earnタイプの ＧａｍｅＦｉです。Play to Earnのゲームでは、プレイ報酬として受け取った暗号資産を売却して利益を得られます。

ゲームが社会課題を解決する

代表的なＧａｍｅＦｉが、ベトナムのSkyMavis社が開発した「Axie Infinity」です。

２０１８年にリリースされたタイトルですが、２０２１年になって売上高が急増。月間の売上（＝粗利）がそれまでの１００倍以上になり、世界中から注目を集めまし

「Axie Infinity」のWebサイト

出典：https://axieinfinity.com/

た。いったい何があったのでしょうか？

Axie InfinityではプレイするとＳＬＰというトークンがもらえます。ただし、プレイするにはゲーム用のキャラクターＮＦＴを３体購入する必要があります。当時は３体分のキャラクターＮＦＴ購入には10万円程度の費用がかかり、当然ながら、その資金が調達できない人たちもいました。

そこで運営会社は、スマートコントラクトを使った「スカラー制度」をつくりました。このスカラー制度が売上急増のきっかけです。

まず投資家（マネージャーと呼びます）が

Axie Infinityの売上の推移

Axie Infinity の 2021 年月間売上推移。
特に 7 月以降に驚異的な収益となった。

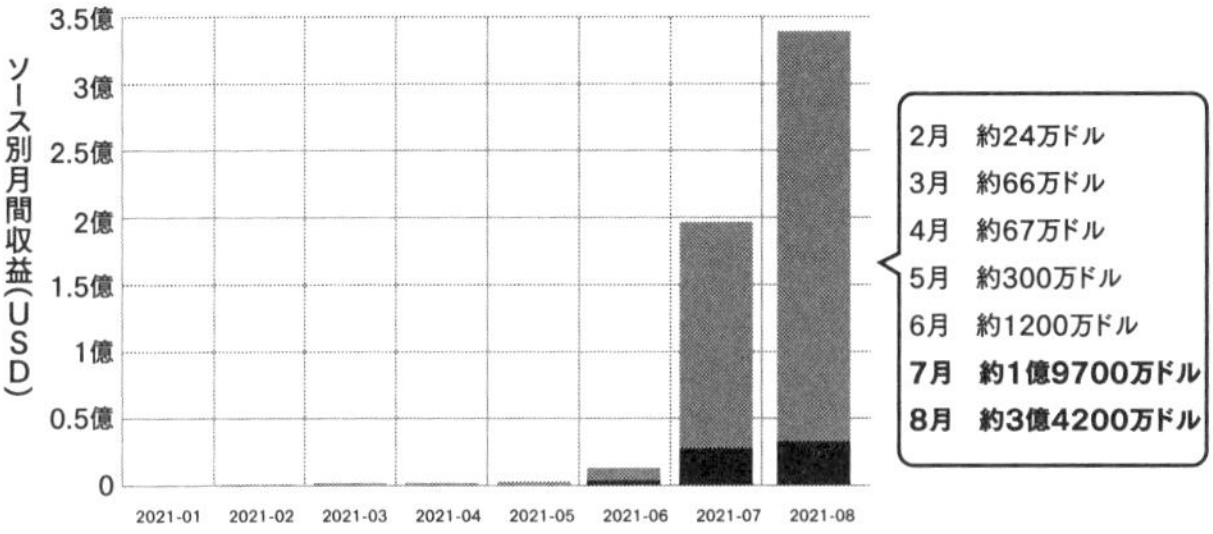

ゲーム用のキャラクターNFTを用意します。これを途上国の人たち（スカラーと呼びます）に貸し出します。

貸し出しにあたって、スカラーは勝手にNFTを第三者に譲渡することができないこと、マネージャーはいつでもNFTを返却してもらう権利があることなどをスマートコントラクトでブロックチェーンに記録しておきます。

こうしておくことで、**一回も会ったことがない外国の相手に対しても、NFTを預けることが可能になるのです。**

その結果、ちょうど新型コロナで仕事が

Web3ゲーム（Axie Infinity）における利益配分の考え方

利益の独占ではなく分配
従来ゲーム会社が得ていた収益をプレイヤーに還元している

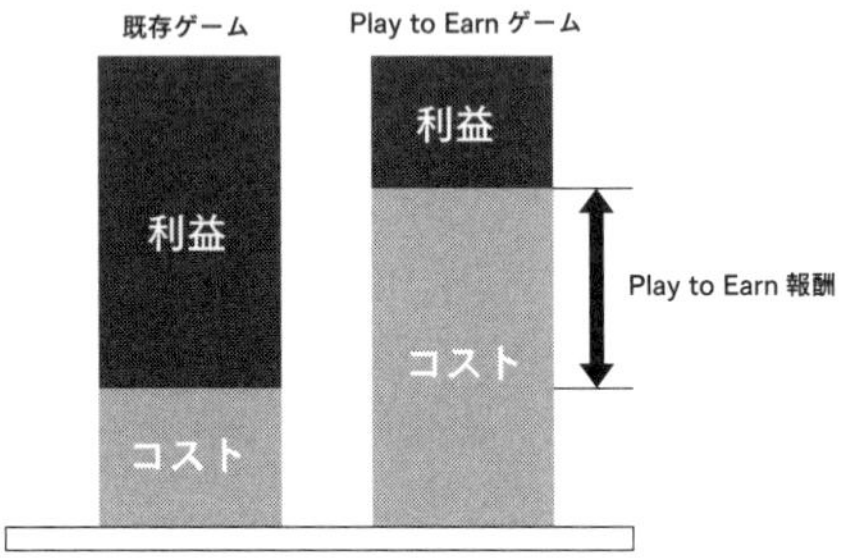

なくなったフィリピンなど途上国の人たちが、Axie Infinityのゲームを通じて毎月数万円の利益を上げることが可能になりました。

さらに、スカラーを多数擁するゲーミングギルドという会社が次々に設立され、Axie Infinityのプレイヤーが増え、SLPの取引が急増したというわけです。

このケースでは、結果的にゲームを介して貧困層の生産活動を促すことに成功しました。Web3のサービスが高い収益性を生み出すだけでなく、従来にはなかった形で社会課題を解決できる可能性を示したといえるでしょう。

また、従来のオンラインゲームは基本的に、ゲームを開発して運営する会社が収益を得ます。それに対して**Axie Infinityは、ゲームのプレイヤーや彼らにNFTを貸し出す投資家にも収益が配分されます。収益の分散化が多くの参加者を集め、大きな経済圏(エコ・システム)を生み出したのです。**

なお、既存のオンラインゲームには一定の課題(ミッション)をクリアすることでポイントが得られ、それを現金と交換できる仕組みを持つものがあります。これも一種のPlay to Earnといえ、似ているのは確かです。ただ、ポイントは交換レートが一定なのに対し、Axie InfinityのトークンSLP(SLP)は市場で値上がりする可能性があります。ブロックチェーン(スマートコントラクト)を使うことでスカラー制度といった新しい仕組みもつくれます。そうした工夫の余地こそGameFiの大きな魅力だと思います。

運動や睡眠さえも価値化していく

ＧａｍｅＦｉの中では、Play to Earn以外にも、運動することで暗号資産を稼ぐことができるMove to Earn、眠ることで暗号資産を稼ぐことができるSleep to Earnといったゲームも登場してきています。

オンラインゲームと暗号資産は親和性が高く、今後さらに伸びる可能性が高いでしょう。特にゲームのためのゲームだけでなく、様々な社会活動と融合させていく部分に大きなチャンスがあると思います。

例えば、学びをゲーム化して楽しみながらスキルを習得したり、医療分野では仮想空間でリハビリやカウンセリングを行ったりするような形です。

応用分野は無限であり、ＧａｍｅＦｉがより深く日常生活に溶け込み、社会のインフラになることが期待されます。

一方、課題としてはプレイヤーのエンゲージメントを維持すること、新技術を採用すること、そして持続可能なゲームの経済圏を構築することなどが指摘されています。

そもそもゲームとして面白くなければ利用者は離れていきます。他のWeb3サービスと同じく、どれだけユーザーを引きつけて独自の経済圏を広げられるかがポイントなのです。

第10章

サーバー極集中のリスクを分散する「IPFS（分散型クラウドストレージ）」

データを分散して保存するＩＰＦＳ

現在のＷｅｂシステム（http/https）は基本的に、インターネット上でパソコンやスマートフォンなどの端末（クライアント）が、サーバにファイルやコンテンツなどのデータを要求し、各サーバが要求されたデータを提供する形で構築されています。これが「クライアントサーバ方式」です（ちなみに「クライアントサーバ方式」の反対が「Ｐ２Ｐネットワーク」です）。

これに対し、**「ＩＰＦＳ（Inter Planetary File System）」と呼ばれる新しい分散型クラウドストレージがＷｅｂ３のサービスとして登場しています。**

ＩＰＦＳでは、同じデータをホストしている複数のＰｅｅｒ（ノード）が相互にデータを提供し合います。こうしてデータが分散して保存されるので、攻撃や障害に対し

従来のWebシステム(http/https)とIPFSのイメージ

<従来の Web システム>

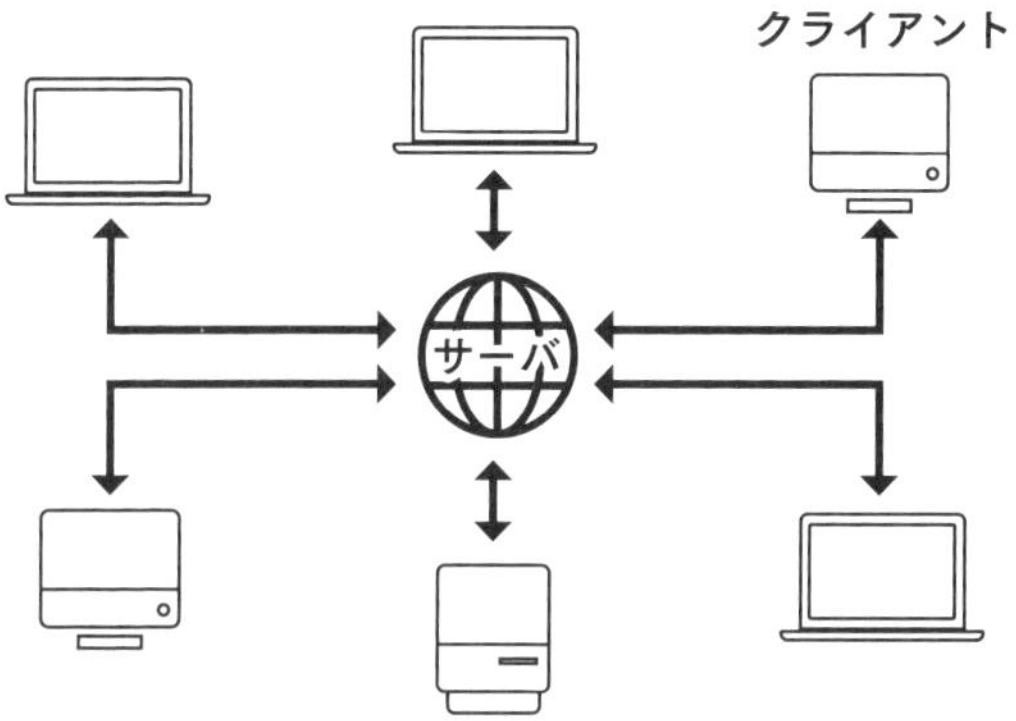

<IPFS>

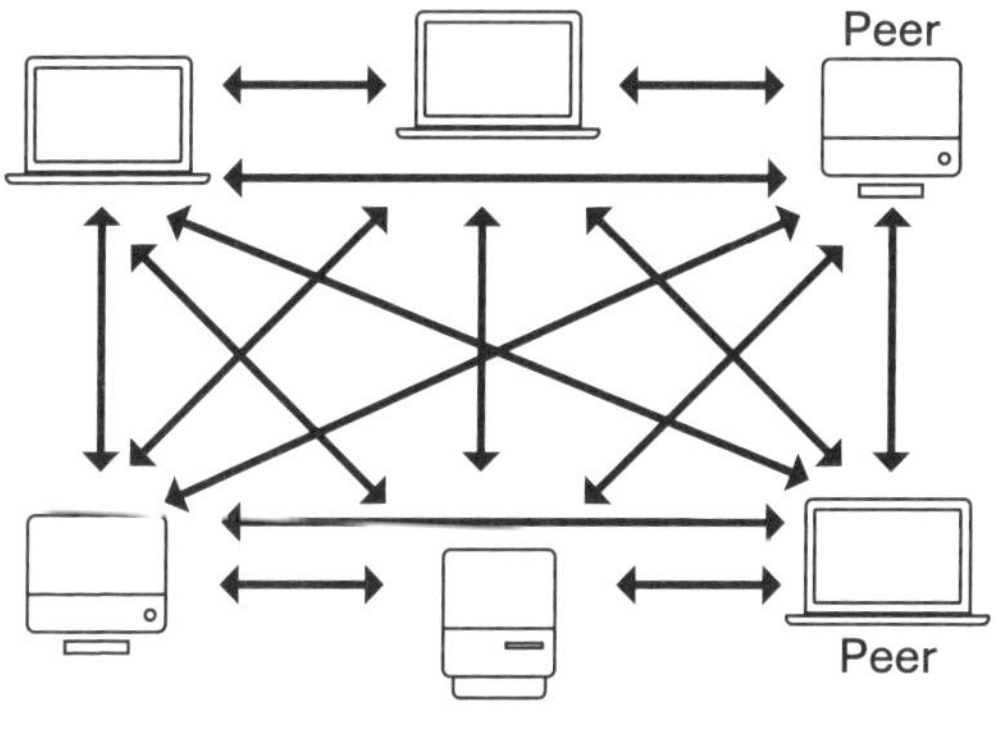

て強い耐性を持ちます。また、データは暗号化されたあとで保存されるため、プライバシー保護にも役立ちます。さらにはサーバが必要ないので、全体の運用コストを減らせる可能性もあります。

先ほど紹介したＢｒａｖｅブラウザでも、２０２１年から利用者がＩＰＦＳに参加できるようになっています。

運営コストは独自発行のトークンで

ＩＰＦＳを採用した代表的なサービスである「Filecoin」は２０２０年10月から本格稼働しました。世界中のユーザーが自分の余ったストレージを提供し、別のユーザーがそれを利用します。ストレージ提供者は報酬として「ＦＩＬ（Filecoinトークン）」を受け取り、利用者は逆に利用料としてＦＩＬを支払います。

Filecoinのブロックチェーンには、ＦＩＬの取引履歴とともにストレージの提供者

「Filecoin」のWebサイト

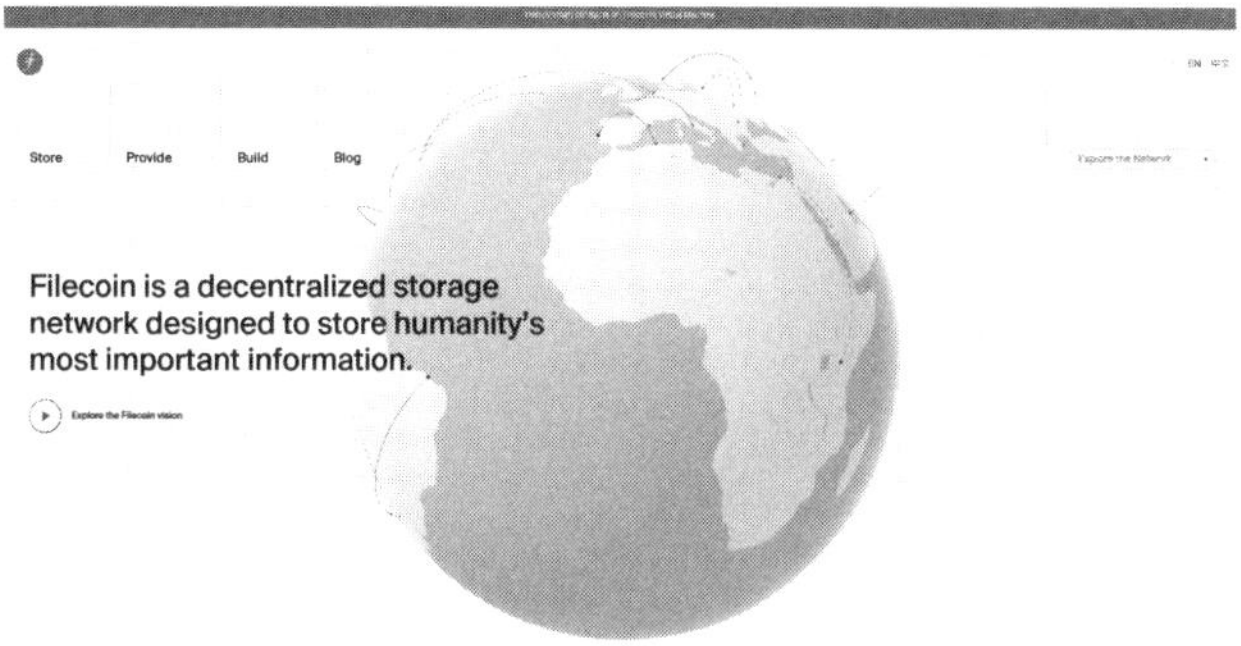

出典：https://filecoin.io/

がファイルを正しく保存しているという証明が記録されています。

なお、Filecoinの運営コストに関しては、他のWeb3サービスと同じように、独自に発行されるトークン（FIL）の一部を運営者が保有することによってまかなわれていると思われます。

ただし、**そもそもIPFSではデータがネットワーク上で公開されるため、セキュリティやプライバシーに対する対策が不可欠になります。**

また、ネットワーク上のデータやピアが増えると、ブロックチェーンのスケーラビリティの問題から効率的な管理が難しくなるかもしれません。逆に、データを共有するピアが減ると、そのデータへ簡単にアクセスすることが難しくなるリスクがあります。

データの分散保存でネット配信も効率化

映像やソフトウェアなど容量の大きいデータを多数のPeerに分散することで、特定のサーバで管理するより効率的に保存し、配信できることもメリットです。

このメリットを活用したコンテンツ配信サービスもあります。それが分散型CDN（Contents Delivery Network）です。

従来のYouTubeやNetflixは、自社開発した動画専用の（分散型でない）CDNで世界中の何億人、何十億人というユーザーに動画を配信しています。

分散型CDNはこれに対し、コンテンツを分散化することで、効率化とコスト削減を図る仕組みです。

「Theta Network」のWebサイト

出典：https://www.thetatoken.org/

コンテンツは複数の参加者（キャッシュサーバ）に分散して保存され、ユーザーに最も近いキャッシュサーバから配信されるため、遅延が少なく、高速なコンテンツ配信が実現できます。一部のキャッシュサーバがダウンしても他のサーバから配信を続けられたり、インフラコストが削減されたりといった、IPFSのメリットも享受できます。

分散型CDNの具体的なサービス例が「Theta Network（シータネットワーク）」です。参加者は、自分のインターネット帯域を提供することで独自トークンである「ＴＨＥＴＡ」を得ることができます。

なお、Theta Networkは２０２２年にソニーと提携し、ソニーの最新技術を活用した「Spatial Reality Display（空間再現ディスプレイ）」と互換性を持つ３ＤのＮＦＴを発表し、話題になりました。

分散型ＣＤＮは中小規模のＷｅｂサイトでの利用が増えつつあり、今後も広がっていくと思われます。

ただ、コンテンツが更新された際、データへの反映に時間がかかってタイムラグが生じたり、キャッシュサーバの設定を間違えると配信事故につながるリスクがあります。そのため、個人情報や重要事項を含むコンテンツはキャッシュ対象から除外するなどの注意が必要といわれています。

第11章

Web3の世界で自分が
自分であることを証明する
「デジタルアイデンティティ」

オンラインでの本人確認を自らコントロール

普段、私たちがWeb上のサービスを利用する際に、自分が自分であることを証明する場合には、ID・パスワードや生体認証、あるいは時間制限付きのコードを用いた二段階認証などが一般的です。

いずれにしても、サービスを提供する企業に個人情報を預けて、それを保護するために様々な認証システムを利用する形になっています。用途に応じて多種多様なサービスを利用するので、あちこちの企業に個人情報を預けることになり、ID・パスワードもどんどん増えて管理が大変です。

セキュリティは年々強固になっていますが、ハッカーたちとのイタチごっこになっている面は否めません。実際に大企業から会員情報や個人情報が流出してしまう不祥事は度々発生しており、完璧なセキュリティというものがいかに難しいものであるかがわかります。そのかわり、利用者に実害が生じたときには企業ができる限り補塡を行います。

また、「このサービス以外には利用されない」と確認して預けた個人情報が、意図せずに他のサービスや、ひどい場合は他の企業に流用されてしまうケースもあります。あってはならないことですが、私たちの個人情報が望まない形で使われてしまうリスクは、残念ながらゼロではないのです。これがWeb2時代の中央集権的な仕組みです。

これらに対し、**ユーザー自身が自分のデジタルアイデンティティにアクセスできる相手や共有する情報の範囲を柔軟にコントロールし、よりプライバシーと個人情報を保護しやすいWeb3サービスの試みが出てきています。**

情報の信頼性確保も分散化で

それが、2015年に登場した分散型ＩＤ管理プラットフォーム「Ｃｉｖｉｃ」です。

デジタルアイデンティティを作成したいユーザーは専用のアプリをダウンロードし、名前、住所、政府発行のＩＤの詳細などの個人情報を入力します。データは暗号化され、ユーザーのデバイスに保存されたのち、生体認証セキュリティによって保護されます。

入力された身元情報の信頼性は、検証者（バリデータ）と呼ばれる参加者によって検証されます。具体的には、公的記録や金融データベースなど信頼できる情報源と照合し、身元情報が正しいことを確認するのです。バリデータは検証結果を証明書として作成し、ブロックチェーンに記録します。

「Civic」のWebサイト

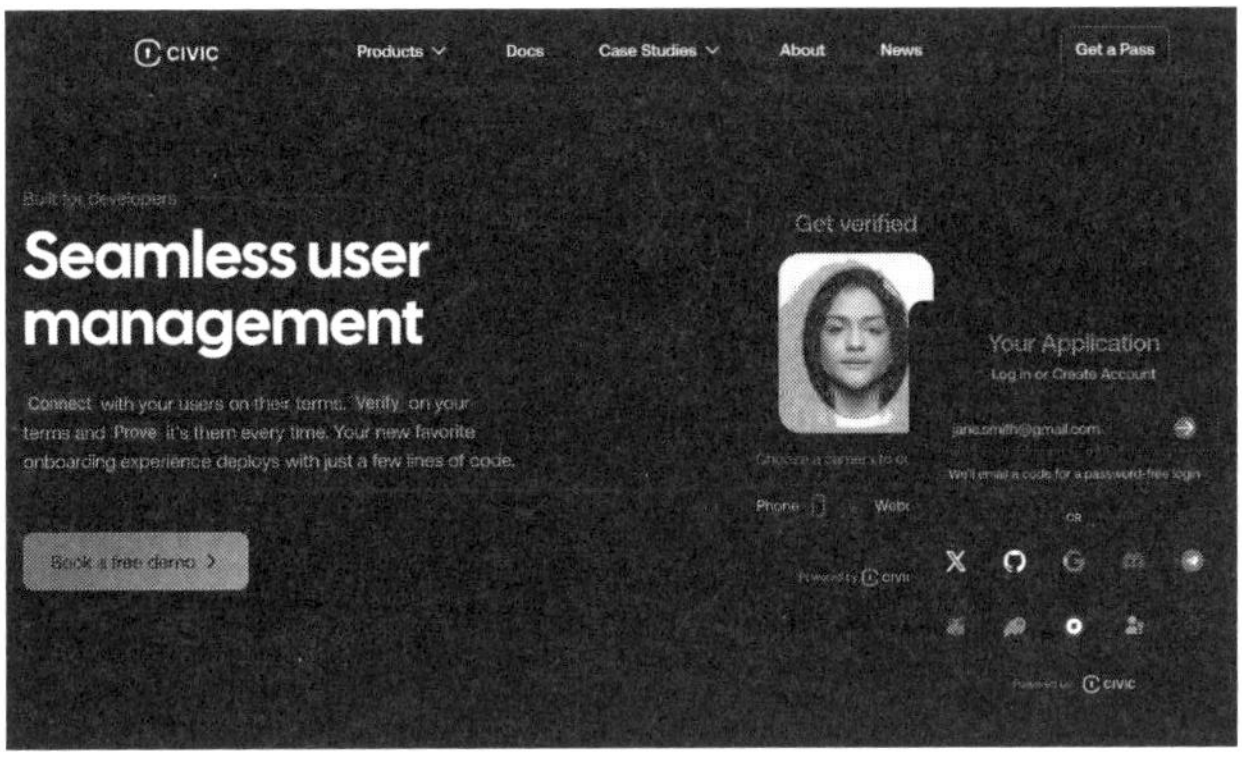

出典：https://www.civic.com/

なお、バリデーターにはCVC（Civicトークン）が報酬として与えられ、正確な検証を行うモチベーションとなります。

バリデーターが検証し、ブロックチェーン上に記録されたデジタルアイデンティティは、ユーザー（登録者）のコントロールのもと、必要に応じてWeb3のサービスプロバイダーなど第三者に共有されます。

一方、第三者はデジタルアイデンティティを使うことで、自らコストをかけてユーザーの身元確認を行う必要がなくなります。

Ｗｅｂ３の様々なサービスが社会に普及していけば、利用者にとってもサービスプロバイダーにとっても、Ｃｉｖｉｃのようなデジタルアイデンティティへのニーズはより高まるでしょう。

一方、個人情報を扱う以上は強固なセキュリティが求められますし、日本であれば個人情報保護法など法的規制との関係が問題になります。

また、**システムを運用していく上で特に検証者（バリデータ）の役割が大きく、トークンによるインセンティブを含めていかに質の高いバリデータを確保していくかも重要な課題だと思われます。**

第12章

Web3はこれからどうなっていくのか？

Ｗｅｂ３×ＩｏＴでプライバシー保護を徹底

Ｗｅｂ3がこれからどうなっていくのかを考えるにあたって、いま世界的に大きな注目を集めている「ＩｏＴ」、「メタバース」、「生成ＡＩ」といった技術トレンドとの関係はとても重要な視点です。

まずＩｏＴ（Internet of Things：モノのインターネット）について取り上げてみます。

従来、インターネットに接続するのはパソコンやスマートフォンなどの情報機器でした。それに対してＩｏＴの世界では、家庭の電気製品から自動車、各地のビルや工場、倉庫に設置された無数の機械装置とセンサーなどあらゆる「モノ（端末）」がインターネットでつながります。その結果、こうしたモノを使っての遠隔操作やデータ収集が簡単に行えたり、モノ同士が直接、データのやりとりを行ったりできるようにな

ジャスミーの「SKC」のイメージ

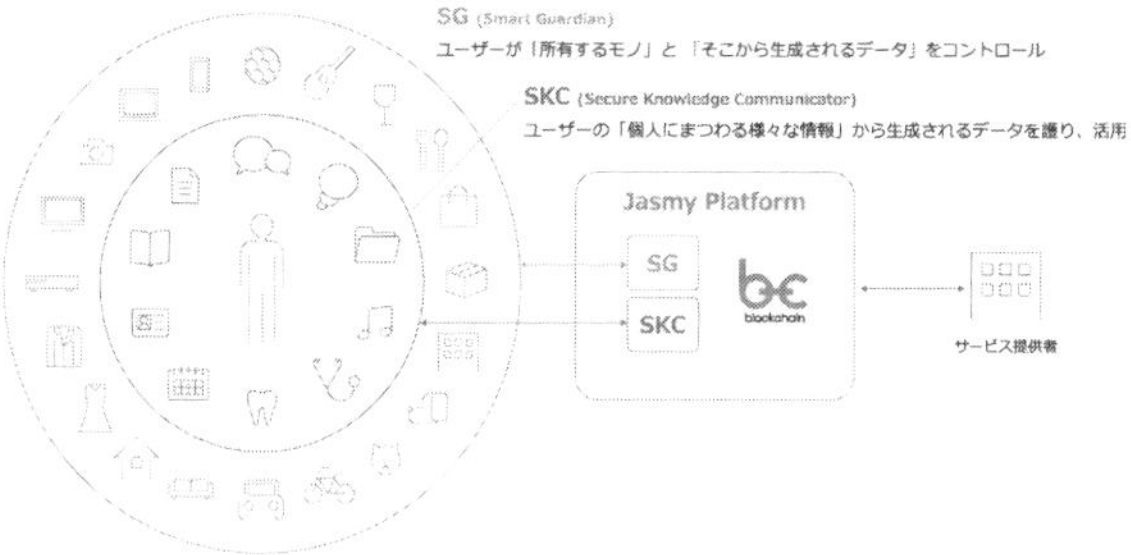

出典：https://www.jasmy.co.jp/

ります。

そして、IoTの世界がWeb3と融合すると様々なことが可能になります。先駆的な例が株式会社ジャスミーの取り組みです。

同社はソニーの社長を務めた安藤国威氏らソニー出身者が2016年に創業したベンチャーです。IoT関連サービスのほかサッカーチームのファン向けNFTの発行システム構築などで実績があります。

同社のコアサービスのひとつが「SKC(Secure Knowledge Communicator)」です。これまでは本人の許諾のもと、個人にまつわる多くの情報を各企業が自社のデータベースで管理していました。これに対し、**SKCは個人データを各個人がブロックチェーンで管理しつつ、必要に応じて企業の端末などに提供することができます。**

具体的なケースとして、コールセンターでの利用があります。ユーザーがコールセンターに電話をすると、オペレーターの端末に対して、そのユーザーがブロックチェーン上で管理している個人情報（過去の注文履歴など）へのアクセス権が与えられ、電話対応の間だけ使えるようになります。そして電話対応が終わればシャットダウン。**コールセンター側に個人情報はいっさい残らず、プライバシーの保護が徹底できるのです。**

Web3×メタバースはオンラインゲームから

メタバースはかつてのバーチャルリアリティー（VR）とほぼ同義で、コンピュータの中に構築された三次元の仮想空間のことです。

VRはゲーム空間のイメージが強かったといえますが、**メタバースは自分自身のアバターを通して、仕事や遊び、ファッション、恋愛などの自己表現やコミュニケーションを楽しむ空間へと進化しています。**

特に2020年代に入ってフェイスブック（現メタ）が本格的にメタバースに取り組むと発表したあたりから、世界的なブームになりました。

現在は一時に比べて下火になりましたが、新しいVRゴーグルやARグラスが登場したり、企業の研究開発や医療などの分野で着実な利用が進んでいます。

Web3との関係でいえば、やはりゲームとの親和性が高いでしょう。**オンラインゲームの多くはメタバースゲームと呼ぶこともでき、ゲーム内で利用されるアバターやアイテムをNFT化したり、報酬としてトークンが使われたりします。**

特に、従来のオンラインゲームでは、ゲーム内で購入したアイテムはそのゲームでしか利用できないのが一般的でしたが、Web3ではデジタルアイテムを自分で所有し、複数のゲームでそのまま使えたりします。

また、メタバースゲームの中には、メタバース内に土地や建物を所有し、そこに建物を建てたり、自分が購入したNFTアートを飾ったりすることができるといったものもあります。

メタバースとNFTが融合することで新たな経済圏が生まれ、NFT市場がさらに大きくなっていく可能性があります。

これから急成長しそうなWeb3×AIの市場

生成AIはいま大きな盛り上がりを見せている最先端の技術です。

Web3との関係では、Web3のベースとなっているブロックチェーン技術とAIの融合が注目されます。

産業分野での応用例が、サプライチェーンの高度化です。AIによってサプライチェーン全体で生まれる膨大なデータがリアルタイムで分析され、最適な在庫管理や

ブロックチェーンAI市場の予測

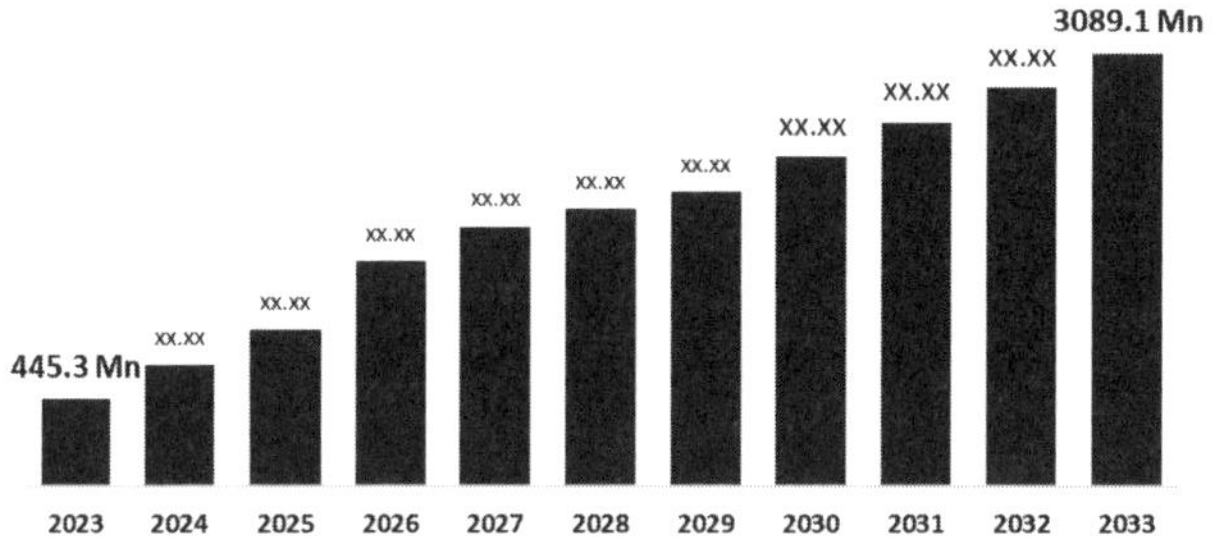

出典：https://www.sphericalinsights.jp/reports/blockchain-ai-market

需要予測、配送ルートを実現することで、過剰在庫や欠品リスクを抑えることができます。

同時に、ブロックチェーン技術によって、サプライチェーンの各段階での取引や商品の移動が改ざん不可能な形で記録され、関係者の間で情報が共有できます。

その結果、効率的でスピーディー、かつ信頼性の高いサプライチェーンが構築できるのです。

もちろん、Web3のベースとなるブロックチェーンの運用そのものにおいても、データ解析や詐欺的な取引の検出などにAI技術が応用できます。Web3の特徴であるスマートコントラクトにおいては、コントラクトの記述やチェックにもＡＩが役立つでしょう。

ちなみに、アメリカのグローバル市場の調査会社であるSpherical Insights & Consultingが発表したレポートによると、ブロックチェーンとＡＩを統合したブロックチェーンＡＩの世界市場規模は、２０２３年の４億４５３０万米ドルから２０３３年には30億８９１０万米ドルに成長し、その間のＣＡＧＲ（年平均成長率）は21・３％になると予想されています。

日本でも暗号資産の「仲介業」ライセンスが認可へ

Ｗｅｂ３とデジタル資産に共通する課題がセキュリティ対策です。暗号資産やＮＦＴ、ＤｅＦｉというとハッキングのイメージがあり、現在も海外やプライベートウォレットからのハッキング被害は起きています。

一方、**この数年で日本の暗号資産業界は健全に成長してきました。法律でカバーされた点もありますし、業界自らが様々な自主規制を設けるなどの取り組みを進めてきた結果です。**

例えば、国内の暗号資産交換所において、顧客資産は100％分別管理され、セキュリティ対策が取られた方法（コールドウォレットでの管理など）が義務付けられています。

100％コールドウォレットでの運用は当初、不可能と思われていましたが、各社の努力により実現しました。これにより、外部からのハッキングリスクは大幅に軽減されています。

また、いわゆるAML（Anti－Money Laundering：マネーロンダリング対策）やCFT（Countering the Financing of Terrorism：テロ対策）、KYC（Know Your Customer：本人確認）の点でも、国内の暗号資産交換所は複数の関連法に適切に対応しており、現在は主要先進国の中で最も進んでいるといえるでしょう。

もうひとつ、デジタル資産における今後の課題として挙げられるのが、多様なライセンス形態の実現です。

諸外国を見ると、暗号資産の関連ビジネスにおける多様なライセンスが認められています。「交換業」としてのライセンスもあれば、投資家に代わって暗号資産の保管・管理を行う「カストディ」、暗号資産を保管するアカウントやアプリケーションを提供する「ウォレット」など5～7種類程度のライセンスがあるのです。

これに対して、日本ではこれまで暗号資産交換業にはひとつのライセンスしかなく、このライセンス取得は一定以上の経営管理態勢の整備などかなりハードルが高かったといえます。

この点について、政府は2025年3月に暗号資産の「仲介業」を新設する等の内容を盛り込んだ資金決済法の改正案を閣議決定しました。

この改正案では、暗号資産の仲介業者は金融庁に登録した暗号資産交換業者と提携し、投資家を取り次ぎます。仲介業者は顧客資産を預からないため、交換業者に課さ

れている規制の多くは適用されない予定です。
これによって今後、証券会社やゲーム会社などが仲介業に参入すると見込まれており、デジタル資産とＷｅｂ3がより広く普及していくはずです。

Ｗｅｂ3と「貨幣価値」の分散化

ところで、第4章の冒頭でＷｅｂ3における最も重要なキーワードは「分散化」だと書きました。実際、Ｗｅｂ3として登場しているサービスやプロジェクトは何らかの対象を分散化し、利便性向上や効率化といったメリットを実現しようとしています。

私はさらに、Ｗｅｂ3本来の大きな可能性が「貨幣価値の分散化」にあると考えています。

振り返れば20世紀末の東西冷戦終結後、世界は市場経済と資本主義で覆われるようになりました。その根底にあるのは貨幣（法定通貨）を媒介にした交換・流通のシステムです。

貨幣による交換・流通のシステムは極めて合理的で、あらゆる物やサービス、さらには人間の属性までも貨幣価値によって捉えることを可能にします。また、何が問題なのかを金額や数値で明らかにし、解決のためのプランを立て、取り組みの結果を評価するのにも便利です。

ただ、それが行き過ぎると、すべてを貨幣価値で計り、比較するのが当たり前になってしまい、すべてを損か得かで判断することにもなりかねません。

Web3が注目されているのは、そうした行き過ぎた「貨幣価値中心主義」への見直しという意味もあるように思います。

私たち一人ひとりには、こだわり、夢、自負、誇り、思い出など貨幣価値では測れない、お金では買えない大切なものがあります。そうした**お金では手に入れられないものを貨幣価値とは別の価値の尺度や形において定義し、貨幣価値を分散化するということが求められているのではないでしょうか。**

例えば、日々の生活における家事やボランティア、ちょっとした親切など、これまで貨幣価値としては評価しにくかった行為の価値を、「ありがとうトークン」「いいねトークン」「ごめんねトークン」「頑張ったねトークン」「分かるよトークン」といった形で発行し、交換したり贈与したりするのです。

もちろん、法定通貨やメジャーな暗号資産、各種トークンもこれまでどおりに広く流通するのは当然です。それらが合わさって、個人レベルから小さなコミュニティ、地域社会、国家、そして世界レベルまで、小さい価値から巨大な価値まで、多種多様な価値が流通し、共有されることで、社会をより豊かなものにしていくことができるのではないでしょうか。

ブロックチェーンとトークンエコノミーは日本向き

こうした未来の社会像は、私だけの個人的な考えというわけではありません。メディアアーティストや研究者、実業家として多彩な活動を展開している落合陽一氏は、2018年に刊行した『日本再興戦略』(幻冬舎)において次のように語っています。

まず、「仮想通貨のビットコインは中央機関がなく、プログラムによってルールが決められるという特徴がありますが、地形や自然というルールから多様な日本はとてもブロックチェーン的です」と、日本の国柄とビットコインの親和性を指摘します。

そして、「これからの世界を考えるときに、すべてのものにトークンで価値づけを行って、その価値を信用する人だけで成立するトークンエコノミーが存在することこそが、通貨制度になる」「トークンエコノミーが普及すれば、非中央集権的に様々な経済圏をつくることができるようになる」と言います。

ここで「トークンエコノミー」が何を指すのか漠然としていると感じるかもしれませんが、落合氏の説明は明快です。買い物のたびにつくポイントも航空会社のマイレージも立派なトークンであり、日本はすでにトークンエコノミー先進国なのです。

トークンエコノミーとは、こうした経済圏がさらに広がって、企業だけでなく個人もポイント発行できるようになるイメージだといいます。

もう一人、識者の意見をご紹介しておきましょう。冒頭でもXでのポストを紹介した成田悠輔氏です。『22世紀の資本主義』（文春新書）において同氏は、「すべてが資本主義になる」と指摘した上で、心身も物事も人格もすべてがデータになるにつれ、あらゆる商品やサービスの価格が人それぞれになって、お金という物差しの支配力が弱まると予言します。

そして、**「価格やお金が消失した経済」において、「交換やサービスや親切のようなやりとりの証を刻み込んだデータが残され、そのデータを刻み込んだそれぞれのやり**

とりの証として、たった一つだけのアート作品のような唯一無二の『アートークン（アート＋トークン）』」が発行されるといいます。

「アートークンは量産できないばかりか、数えられず、比べられない。アートークンの身元保証と行先管理はブロックチェーンで分散実行」されます。「アートークンはデータの一種だから、今の世界で暗号資産やデジタルアートのＩＤ管理や偽造防止にブロックチェーンが用いられることの延長」にほかなりません。

日本を代表する次世代の知性であるお二人の未来に対するビジョンに、私はとても親近感を覚えます。

Ｗｅｂ３はこれからが本番

Ｗｅｂ３のサービス開発が始まったのは、イーサリアムが誕生した２０１５年頃からであり、まだ10年ほどしか経っていません。そういう意味では、Ｗｅｂ３はこれか

Web3の市場規模の推移

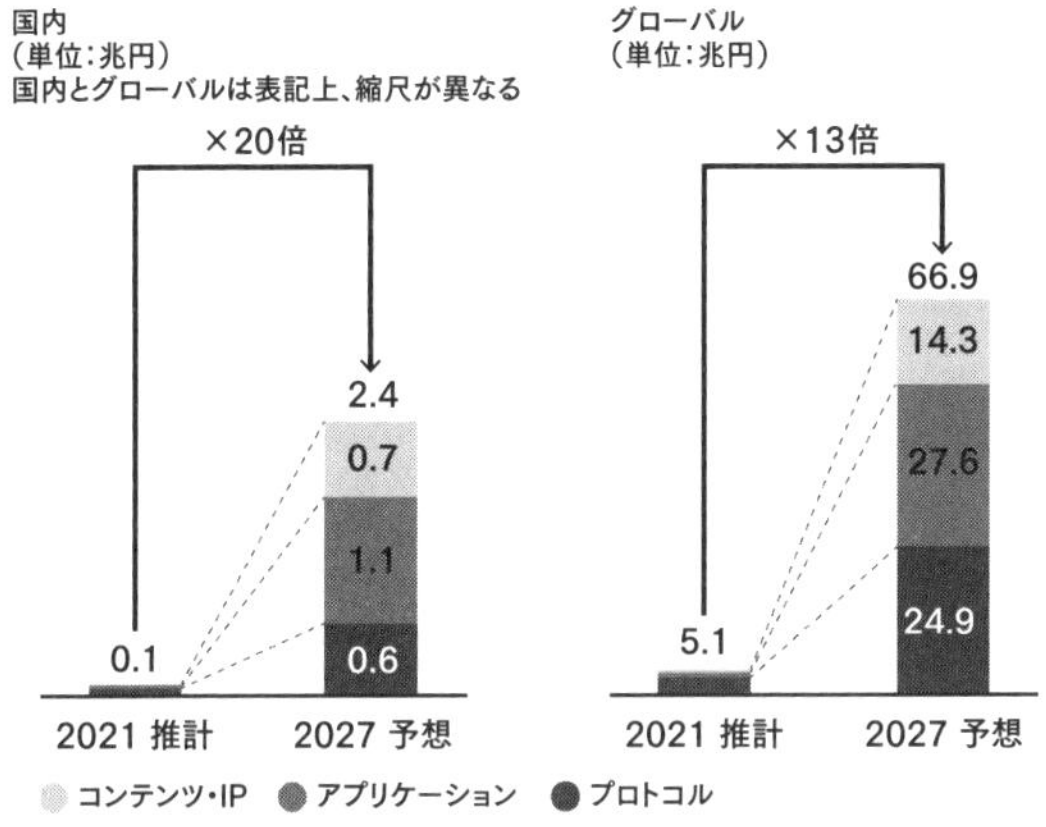

出所：各種公開資料を基にカーニー推計

出　典：https://www.jp.kearney.com/issue-papers-perspectives/web3-market-growth-scenario

らがまさに本番です。

経営コンサルティング大手のA・T・カーニーによれば、Web3のグローバル市場は2021年の5兆円から2027年には約13倍の67兆円に成長し、国内市場は2021年の約0・1兆円から2027年には20倍を超える約2・4兆円になると予測されています。

ここでいう市場規模は、本書におけるデジタル資産とWeb3にまたがっており、

①プロトコル（ブロックチェーンイン

フラそのものを活用したビジネス、暗号資産のトランザクション手数料等）

②アプリケーション（ブロックチェーンを活用したビジネス、ブロックチェーンゲームのゲーム内課金等）

③コンテンツ・IP（プロトコル・アプリケーションに付与されるブランド・アニメ等の価値、NFTトレーディングカードを利用したブロックチェーンゲーム等）

に分類されます。

この分類を踏まえると、**日本はアニメ、マンガ、ゲームなどのポップカルチャーにおいて強く、またグルメや観光など体験型のコンテンツでも分厚い蓄積があり、ブロックチェーンゲームやNFTとの親和性が高いといえます**。

さらに、日本は暗号技術やブロックチェーン技術に関して、強力な技術基盤を持っており、日本がWeb3において世界をリードできるチャンスは十分あると思います。

政治もいまWeb3政策を推進しています。

例えば、自由民主党デジタル社会推進本部が設置した「Web3プロジェクトチーム」は2022年3月、Web3を「デジタル経済圏の新たなフロンティア」と位置付け、その起爆剤であるNFTを含む経済圏の育成を国家戦略として定めるべきと提言しました。これがきっかけとなり、自由民主党はデジタル施策に対する具体的な提言「デジタル・ニッポン2022」を発表しました。

さらに政府も2022年6月、成長戦略にWeb3の環境整備を盛り込むことを閣議決定し、NFTやDAO利用等のWeb3推進に向けた、環境整備の検討を進める方針を明言しました。

Web3は、内閣府が推奨してきたクールジャパン戦略や、日本全体の活力を上げることを目的とした地方創生政策とも連動する面が少なくありません。

Web3の普及に不可欠な一人ひとりの理解と行動

ブロックチェーン分析企業のChainalysisの調査（2023年）によれば、世界の暗号資産の普及は、インド、ナイジェリア、ベトナムが先行し、日本は18位にとどまっています。

また、**日本は強力な技術基盤を有しているにもかかわらず、リスク回避の文化、高齢化社会、そして破壊的イノベーションよりも長期的な安定を好む傾向がブロックチェーンやＷｅｂ３の普及に対する懸念を引き起こしているとしています。**

そういう意味でこれから重要なのが、私たち一人ひとりの理解と行動です。私はデジタル資産やＷｅｂ３が万能で、夢のような未来をいますぐもたらすとは思っていません。「すごい」「素晴らしい」とばかり言い募るのはミスリードになりかねず、それは業界関係者の一人として常に心がけている点です。

デジタル資産やＷｅｂ３のベースとなるブロックチェーンはツールに過ぎないですし、まだまだ発展途上です。

重要なことは、社会にどう受け入れられるかということです。だからこそ、一部の専門家だけでなく、多くの人が基本的な仕組みを知り、メリットとデメリットを理解することが重要だと思っています。

振り返れば、日本では2017年に資金決済法が改正され、世界で初めて暗号資産取引が法的に認められました。ただ、これは暗号資産取引を政府が推奨するために法整備がされたわけではなく、あくまでもマネーロンダリング対策を強化するため、これまで規制対象外だった暗号資産を規制対象にしたというのが実態でした。

私はこのときから、暗号資産に関する税制改正などを目指す動きをしていました。その際に、ある国会議員から次のようなアドバイスを受けました。

「国会議員の中には暗号資産に前向きな人もいる。ただ、前向きな人の意見だけ聞いても法律や税制は変わらない。否定的な人も反対できないようにすることが大切になってくる。特に、最大のポイントは政府として日本国民に推奨できるかどうかであり、『国民の資産形成に資するかどうか』が鍵になってくる。投機目的だけだとこれは弱いから、しっかりと社会性や社会的価値を含めて日本にとって暗号資産が必要だということを訴求していく必要がある。」

株式などに申告分離課税が認められているのは国民の資産形成に資すると判断されているからであり、政府も資産運用立国が経済成長に必要だと判断しているからＮＩＳＡを含めた制度を導入しています。

そのときのアドバイスを踏まえ、私自身、暗号資産を単なる投機や投資の手段としてだけでなく、寄付や社会問題の解決策として活用されている事例を調べて発信したり、業界をあげて犯罪に使われないようにする制度の導入を率先して行ってきました。

今後も、デジタル資産とＷｅｂ３について日本人一人ひとりの理解と行動を前に進めるための活動に取り組んでいくつもりです。

第13章

デジタル資産とWeb3の時代における生存戦略

デジタル資産とWeb3を自分事にする

1990年代にインターネットが登場した際、「なんだかよく分からない」「リスクがありそう」と敬遠する人もいました。しかし、いまでは誰もが当たり前のように利用しています。

デジタル資産とWeb3も同じです。まだ不透明であったり曖昧だったりする部分がありますが、いずれ私たちの日々の生活や資産形成、ビジネスなどに不可欠な存在になるでしょう。

そうであれば、**まずは知ること、触れてみることが大事であり、そこからさらに自分に合った付き合い方を探してみるべきです。それがデジタル資産とWeb3の時代における生存戦略です。**

日本人のWeb3に対する認知度と活用体験

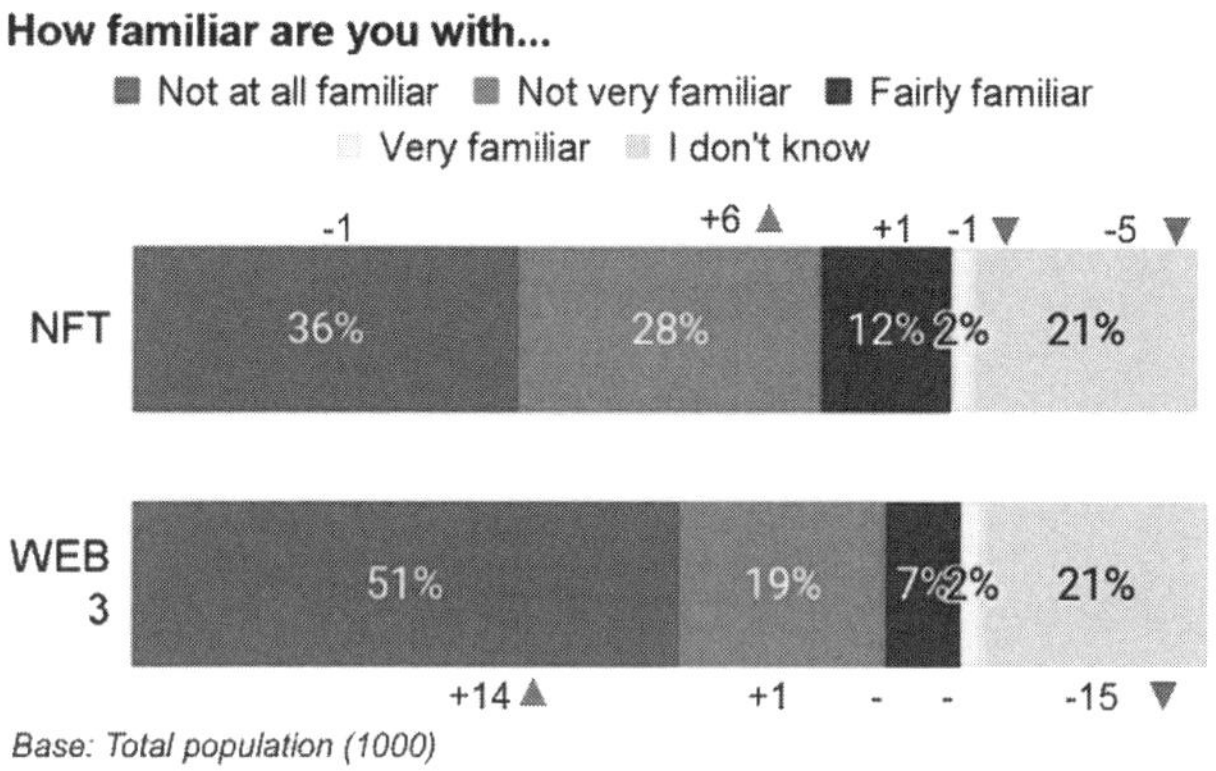

Which web3 activities have you participated in within the last year?			
Playing blockchain-based games	26%	+7	
Staking cryptocurrencies	24%	+4	
Using a web3 wallet	23%	+4	
Sending and receiving transactions	22%	+14	▲
Purchasing and/or collecting NFTs (Non-Fungible Tokens)	21%	-8	
Using a decentralized social media platform	17%	-1	
Providing liquidity to a liquidity pool on a DeFi platform	15%	+6	
Participating in a DAO (Decentralized Autonomous Organization)	12%	-4	
Trading on a decentralized exchange (DEX)	12%	-2	
Bridging between networks	12%	-4	
Creating NFTs	9%	-11	▼
None of the above	25%	-3	

Base: Familiar with Web3: (92)

出　典：https://consensys.io/blog/global-survey-on-crypto-and-web3-press-release-2024

現時点では、日本におけるデジタル資産とＷｅｂ３の認知度はいま一歩の段階と言わざるを得ません。

暗号資産ウォレットである「メタマスク（MetaMask）」を開発するブロックチェーン企業のコンセンシスが、世界18カ国1万８０００人以上を対象とした２０２４年版の暗号資産・Ｗｅｂ３に関する調査結果を発表しました。

日本では暗号資産の認知度は２０２３年比で7ポイント増の88％に達したものの、世界平均の93％には及びません。76％が暗号資産の購入経験がなく、今後１年以内の投資意向も19％にとどまっています。市場参入の主な障壁として、53％がボラティリティを、40％が知識不足を挙げていました。

さらに残念なのがＷｅｂ３の認知度で、わずか９％と調査対象国中で最低水準でした。ＮＦＴについても認知度は14％と低く、前年の13％からほぼ横ばい。

ただ、認知している人の間では具体的な活用が進んでいます。Ｗｅｂ３を知る層における主なアクティビティは、ブロックチェーンゲーム（26％）と、次に触れる暗号資産のステーキング（24％）が上位を占め、22％が過去1年間に取引の送受信を経験していました。

戦略1 少額から投資してみる

こうした状況を踏まえ、**デジタル資産とWeb3を自分事にするため、まず提案したいのは少額の余裕資金で投資してみることです。**

こういうと、「多少調整したとはいえ、この1年でものすごく値上がりした暗号資産を買うのはもう遅いのではないか」と思われるかもしれません。たしかに2025年3月下旬の時点で1BTCは1200万円ほどします。これからなお調整があるかもしれません。

しかし、特にビットコインについていえば、2010年に登場してから15年、アップダウンを繰り返しながらも基本的に右肩上がりに上昇してきました。今後についても、アメリカのトランプ政権の〝推し〟や日本でのETF登場予想などを踏まえると、中長期的には底堅い動きをするのではないでしょうか。

「もう遅い」と決めつけるのは「まだ早い」です。**まとまった資金を一度に投資するのではなく、積立てで毎月、数万円ずつ購入していくやり方であれば、さほど心配はいらないと思います。**また、まだ割高だと思えば暗号デリバティブ（証拠金取引）を提供している交換業者を使って、ショート（売り）から入ることもできます。

ビットコインの最小取引単位はプログラム上、0・00000001（1億分の1）BTCとなっており、ナカモトサトシにちなんで「サトシ」と呼ばれます。1BTCが1200万円であれば0・12円です。国内の暗号資産交換所ではもう少し大きく、100円程度から購入できます。

ただし、ビットコイン以外の暗号資産については、基本的に国内で登録している交換業者が取り扱っている暗号資産かどうかを確認することをお勧めします。少なくとも国内市場において一定の実績と信用のある暗号資産を選んでいるからです。

交換業者で口座を開設するのは無料で、口座維持にも手数料はかかりません。現在、登録交換業者は33社あります。

「ステーキング」という新しい投資法

暗号資産への投資も、基本は安く買って高く売ること、いわゆる「キャピタルゲイン」が狙いです。

それに加えて最近、新しく登場したのが「ステーキング」という投資法です。やり方は簡単。**イーサリアムなどコンセンサスアルゴリズムとしてPoS（プルーフ・オブ・ステーク）を採用している暗号資産を購入し、専用のウォレットに入れて暗号資産交換所に預けておきます。すると、暗号資産交換所ではそれを利用してブロックチェーンの運用（PoS）に参加。その報酬が還元されるという仕組みです。**銀行に預金すると金利が付くのと同じようなもので、「インカムゲイン」といえます。

ステーキングの年率推移(例)

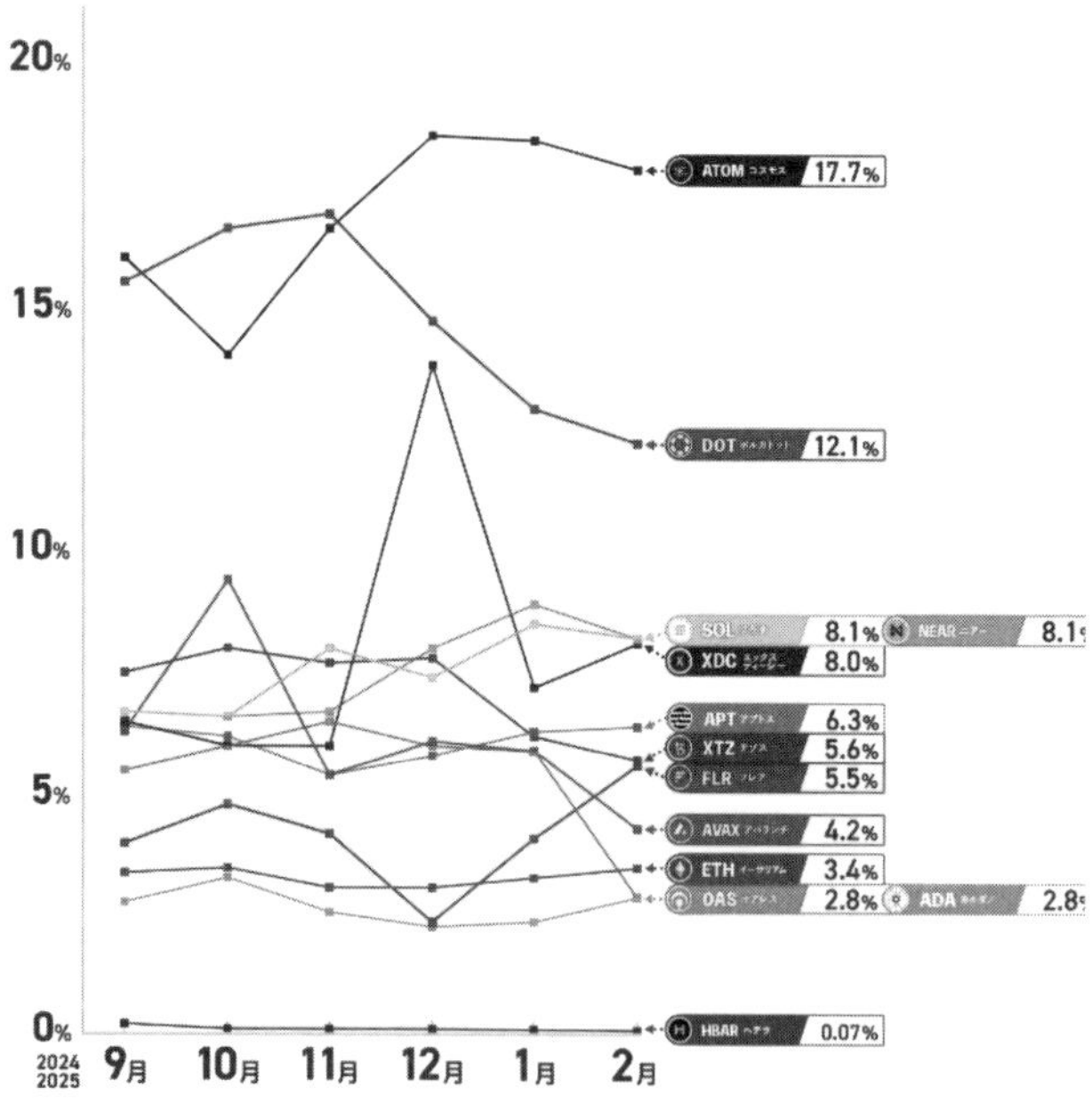

出典：https://www.sbivc.co.jp/services/staking

日本人は銀行預金など安定的に金利が入ってくる商品を好む傾向があり、暗号資産のステーキングは日本人との相性が良いと思います。

投資も「分散」が基本

なお、ステーキング報酬の割合（ステーキング率）は暗号資産によって異なり、イーサリアムの場合、年間3％程度です。暗号資産によってはもっと高いステーキング率のものもありますが、それはボラティリティ（価格変動率）が高い銘柄なので注意が必要です。

どのような投資にも当てはまることですが、基本的にリスクとリターンは比例します。高いリターンが見込める商品はその分、リスクも高いのです。

大事なことは、投資に回すのは余裕資金に限ることです。そして自分が許容できるリスクに見合った商品を選ぶことです。そもそも借入をしてまで投資を行うことは推

奨しません。

そして、リスクをコントロールする点で重要なのがやはり「分散」です。

投資における分散には二つの意味があります。ひとつは「投資対象」の分散で、もうひとつは「売買のタイミング」の分散です。

投資には昔から「卵はひとつの籠に盛るな」という格言があります。特定の投資対象に資金を集中しすぎず、適切に分散させることでリスクを下げるという教えです。

これまでの投資では、株式、債券、投資信託などがメインでした。ただ、リーマンショックのような金融危機ではほとんどの金融商品が同時に下落します。そこで、こうした主流の金融商品との連動性の少ないアセットとして、暗号資産は検討の価値があるのです。

なお、繰り返しになりますが、複数の暗号資産に投資する場合は、金融庁に登録している暗号資産交換業者が取り扱っている暗号資産に限ることが大事です。

売買のタイミングの分散についていえば、先ほども触れたように少額での積み立てがお勧めです。暗号資産は他の金融商品に比べ、ボラティリティが高い傾向にあります。そこで、毎月数万円程度を買い付けていくのです。これは「ドルコスト平均法」といわれる投資手法で、高いときには少なく、安いときには多く購入することになり、取得価格が平準化されます。

また、売る場合も少しずつ売るのが鉄則です。投資で失敗する人の多くは、少し上がったら売ってしまい、上がったらまた追加で買い、その後どこかで大きく下がって結果的に損をするケースをよく見かけます。

そうではなく、保有するうち2～3割ずつ分けて売っていくことをお勧めします。一部を売った後に価格が下がったら「あのときに一部でも売っておいて正解だった」、一部を売った後に価格が上がったら「あのときに一部だけしか売らなかったのは正解だった」と、どちらの場合でも自分を認めることができます。

「STEPN」のWebサイト

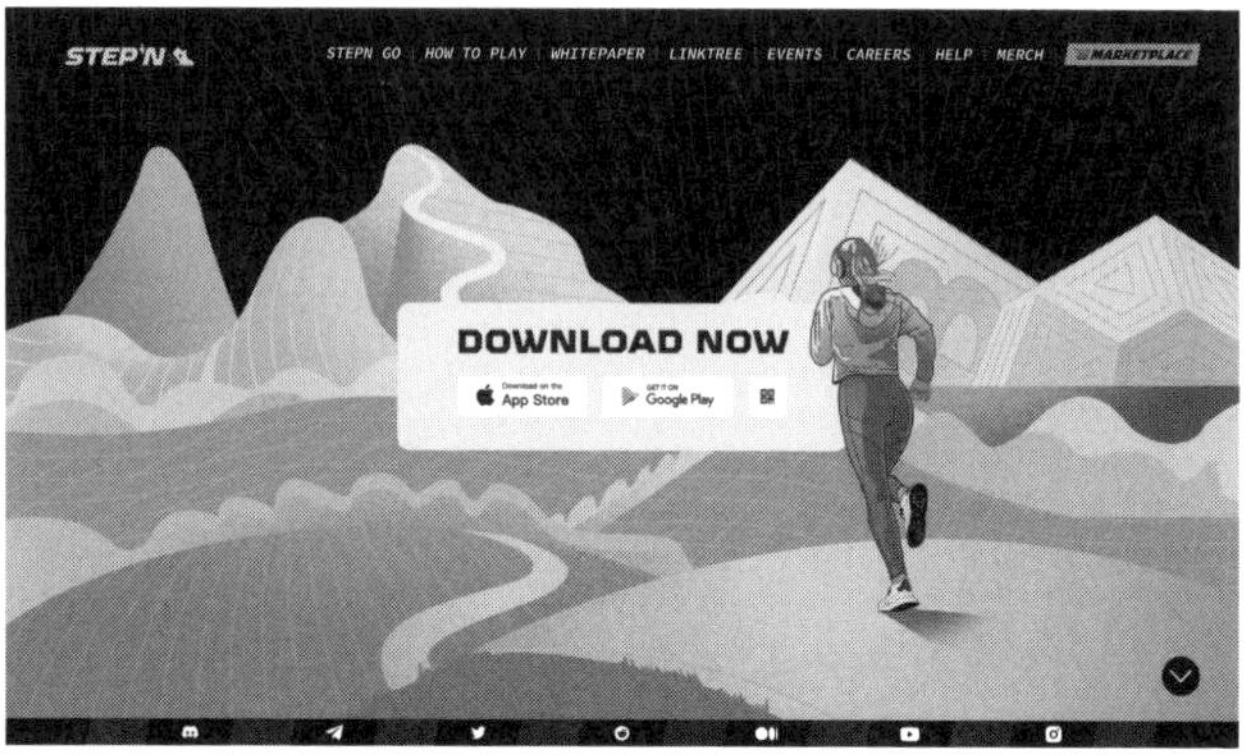

出典：https://www.stepn.com/

戦略2 Web3ゲームを楽しむ

オンラインゲームに慣れている人であれば、Play to earnやMove to earnなどのWeb3ゲームを体験してみるとよいでしょう。ゲームを通じて、NFTなどのトークンがどう使われているのか分かり、ブロックチェーンやスマートコントラクトに興味を持つきっかけにもなります。

Move to Earnと呼ばれるタイプのブロックチェーンゲームの例が、「STEPN（ステップン）」です。NFTマーケットプレイ

「Sorare」のWebサイト

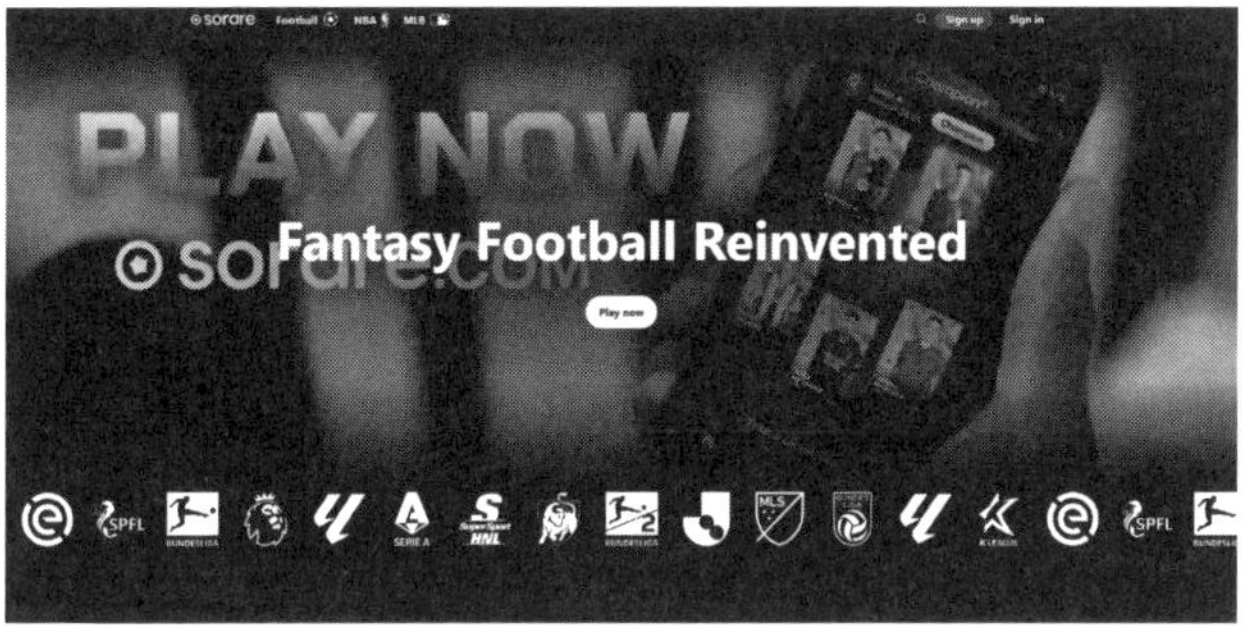

出典：https://sorare.com/

スでNFTスニーカーを購入してから、ランニングやウォーキングをすると、運動したことに対する報酬をトークンで受け取ることができます。

手に入れたトークンは、暗号資産交換所で日本円などに交換することが可能です。また、NFTスニーカーにはレアリティがあり、希少性が高いものほどアプリ内外のNFTマーケットプレイスにおいて良い値段で二次販売されています。

スポーツ系のトレーディングゲームとして有名なのが、実在するプロスポーツ選手をカード化した「Sorare」です。

「FOOTBALL」と「MLB」の二つのカテゴリーがあり、FOOTBALLでは世界

280以上のクラブチームとライセンス契約。所属するサッカー選手たちがカードとして登場します。MLBでも、米メジャーリーグの全30球団の選手がカードになっています。

NFTカードはコレクションするだけでなく、デッキを組んで他のプレイヤーとの対戦することが可能で、大会で上位にランクインしたプレイヤーはレアカードなどが得られます。また、NFTカードはマーケットプレイスでの取引も活発に行われています。

戦略3　イベントへの参加

Web3関連のイベントに参加するのもよいきっかけになるでしょう。

例えば、政府では「EXPO 2025大阪・関西万博」の開催に合わせて「EXPO2025デジタルウォレット」というサービスを始めています。これには、

■「ミャクーン！」のWebサイト

出典：https://www.expo2025-dwnft.jp/ja

万博会場や会場外でも利用できる決済サービス「ミャクペ！」、万博関連のプログラムに参加・体験することでもらえる「ミャクポ！」、様々なサービスを利用することでもらえる独自のNFT「ミャクーン！」などがあります。

このうち「ミャクーン！」では、自分が持っている写真などの画像データにトークンをつけてNFTを作成することができる1ユーザー1回限りの機能（「Myミャクーン！」）があり、簡単にNFT体験ができます。

また、日本最大の暗号資産・Web3メディアCoinPostが企画運営する、アジア最大規模のグローバルカンファレンス「WebX2025」が2025年8月に東京で開催されます。

さらに、同じ8月には「OSAKA WebX Fintech EXPO」が開催される予定です。こちらも国内外から金融業界を代表する有識者、大手金融事業者、スタートアップ、投資家、規制当局が大阪に集結し、次世代の金融市場における技術革新や規制の動向を議論します。私もこのイベントに主催者の一員として関わっています。

戦略4　ビジネスへの応用

さらに、自分の仕事に応用できないか考えてみるのもアリです。そのひとつが、One to Oneマーケティングへの応用です。

従来のファンクラブはファンに対して同じサービスを一律に提供するのが一般的でした。一方、**Web3のトークンを使えば、特定の地域や特定の属性にフォーカスし**

てファンをつくることや、ファンの貢献度に応じてサービスをきめ細かく変えることが簡単にできます。

こうした仕組みを導入する場合、Web3で広く利用されているイーサリアムでは、様々な開発支援ツールが数多くリリースされています。イーサリアムのスマートコントラクトで実現できるアプリケーションをDApps（Decentralized Applications：分散型アプリケーション）と呼びますが、簡単なものであれば数百万円程度でDAppsを開発することが可能です。

戦略5　資金調達法としてのICO

企業が暗号資産をビジネスに利用する方法としては、ICO（Initial Coin Offering）とIEO（Initial Exchange Offering）による資金調達もあります。

ICOは企業が直接トークンを電子的に発行します。これに対してIEOは、暗号資産交換業者が事前にトークンを発行する企業の経営状況や目的とするプロジェクトの内容を精査します。日本ではさらに、JVCEA（日本暗号資産等取引業協会）と金融庁の確認を受けて初めて発行できます。

そのため一般的にはICOよりIEOのほうが投資家から見ると信用性が高いとされます。実際、過去には詐欺的なICOが社会問題化したこともあり、日本では現在、暗号資産交換業の登録をしていないとICOが行えません。

国内でのIEOの事例はまだそれほど多くはないものの、着実に実績を重ねてきています。投資家にとっても、将来的に値上がりするかもしれない新しいトークンをいち早く入手できるメリットがあります。

企業の資金調達法としては従来、IPO（Initial Public Offering）など株式によるエクイティファイナンスのほか、社債や銀行借入などのデッドファイナンスがありましたが、そこに暗号資産を利用することで選択肢が増えます。ICOとIEOは場所や時間にとらわれず、世界中から広く資金を調達できるという特徴があり、特にベンチャー企業や中小中堅企業にとって検討する価値は十分あるでしょう。

安全性の確保がすべての前提

これまでのハッキングやデータ流出事故によって、デジタル資産やWeb3は危ないというイメージをいまだに抱いている人がいるかもしれません。

しかし、本質は情報の流出やデータ改ざんであり、デジタル資産やWeb3だから危ないということではありません。基本的にはネット上でつながっている限り、サイバー攻撃等のリスクは必ずあります。

もちろん、デジタル資産やWeb3は大きな資産価値を持つケースがあるので、より注目されるのは事実です。だからこそ、暗号資産交換業者はコストをかけて、非常に手厚い対策を講じています。その結果、**他業種に比べると、暗号資産交換業におけるサイバー攻撃などへの対策はかなり進んでいるといってよいと思います。**

例えば、顧客からの預かり資産は実質100%、インターネットから切り離されたコールドウォレットで管理しています。これは非常に複雑なオペレーションで多くの業界関係者には難しいという意見が多かったのですが、結果的にはうまく対応できています。

とはいえ2024年5月、DMMビットコインで約482億円相当のビットコイン流出事件が発生し、同社は最終的に再建を断念するに至りました。顧客から預かったビットコインや他の暗号資産については、同業のSBI VCトレードへ移管することになり、2025年3月を目処に実施されました。

この事件は北朝鮮のサイバー攻撃グループが関与したとされます。同交換所のウォレットを管理していたソフトウェア企業の従業員のパソコンがマルウェアに感染。取引等に伴いコールドウォレットから資産を移動する取引プログラムがハッキングされたことにより発生したのです。

いまなお不明な点も少なくありませんが、**重要なことはシステム面だけでなくオペ**

レーション体制もしっかりと構築する必要があるということです。ハッカーが高度化するのに合わせて、守りも複合的観点で高めていく必要があります。

いまは日本だけでなく海外でも、顧客資産は100%分別管理をする企業が増えています。分別管理義務には、ハッキングのような万が一の際にも対応することが含まれます。

幸いにも、これまで国内の暗号資産交換業者からの不正流出においては顧客への払い戻し対応がされていますが、今後はさらに財務面でもより信頼できる暗号交換所、交換業者を選ぶことが重要だと思います。

JVCEAの役割と活動について

本章の最後に、私が会長を務める一般社団法人日本暗号資産等取引業協会（JVCEA）の役割と活動について簡単にご紹介しておきます。

ＪＶＣＥＡは２０１８年に設立された、業界の自主規制団体です。主な活動は、自主規制規則の制定のほか、会員企業に対する監査とモニタリングや指導、勧告及び処分です。また、暗号資産交換業に関する苦情の受付や暗号資産関連の取引についての統計調査なども行っています。

ＪＶＣＥＡに対しては、「日本国内で取引できる暗号資産の種類が少ない」といった苦情をいただくことがあります。しかし、どの暗号資産を扱うかについては基本的に、会員企業がそれぞれ、業務コストと取引高（収益性）とのバランス等をもとに判断しています。

ＪＶＣＥＡとしては、会員企業が取り扱い暗号資産を審査する社内規則をきちんと策定しているか、リスク等をチェックする社内体制が適切に構築されているかをチェックする形をとっています。

なお、ＪＶＣＥＡでは２０２２年からＣＡＳＣ（Crypto Asset Self Check）制度を導入しました。これは、一定の要件を満たす会員については、他の会員が扱っている暗号資産の取り扱いを開始する際、事後モニタリングに軸足を置くことで事前審査を省略するものです。これにより、会員企業による新しい暗号資産の取り扱い開始がよりスピーディーに行えるようになっています。

２０２５年３月４日時点で会員企業が取り扱っている暗号資産は１１４あります。毎月、ＪＶＣＥＡのホームページで情報を更新しておりますので、参考にしてみてください。

おわりに

最近はネットニュースのコメントなどで、「なぜ日本は暗号資産の課税方式を見直さないんだ」「税制が変わると信じて待っているけど、一向に変わらないのでいつまでも売却できない」「レバレッジを二倍に制限したせいで市場が冷え込んだ」という投資家の声が聞かれます。

たしかに見方によって政府の動きは鈍く、抵抗勢力など何らかの要因があるように見えるかもしれません。しかし、どうしても時間を要してしまう面もあるのです。例えば、暗号資産に関する詐欺被害やトラブルで金融庁にはいまも月400件近い相談が寄せられています。これらはほぼすべてが無登録の暗号資産交換業者や詐欺師によるもので、きちんと登録して事業を行っている側からするととんだとばっちりです。

振り返ると、私は2016年に政府への提案や折衝を始め、2019年からは日本暗号資産ビジネス協会を通じて提言を行ってきました。

２０２２年に自民党のＷｅｂ3プロジェクトチームが立ち上がり、２０２４年に同党金融調査会で講演をした際、日本人の暗号資産口座数が１０００万を超える見通しであることを訴えたところ「本格的な検討を開始する」との言質をいただきました。その頃から、状況が大きく動き出したのです。

２０２４年夏頃には暗号資産を金融商品取引法に移管し、税制・ＥＴＦ・レバレッジなどを見直そうという土台が醸成され、同年10月から金融庁有識者勉強会がスタートして、私も業界団体代表として意見提案をさせていただきました。12月には自民党より「暗号資産を国民資産に資する資産とするための緊急提言」が発表されました。

今後、２０２５年秋をめどに金融庁の金融審議会が開催され、年末には暗号資産に関する税制改正について与野党の審議が行われるでしょう。そして２０２６年の通常国会において、暗号資産を資金決済法から金融商品取引法へ移す（すなわち暗号資産を投資商品の金融資産として位置づける）法案等が採択されると予想しています。

このように、日本も暗号資産に非常にポジティブなスタンスになってきています。暗号資産を中心にデジタル資産に対する制度面が整備されれば、ベンチャーから大企業までWeb3への本格的な参入はさらに進みます。

人の価値観や考え方を変えるのは時間がかかります。ただ、一度変わるとそれがスタンダードになります。今回も新しいスタンダードをつくるために、私としては引き続きやるべきことに淡々と取り組んでいきたいと思っています。

最後までお付き合いいただきありがとうございました。

主な参考資料

『ブロックチェーン　相互不信が実現する新しいセキュリティ』岡嶋裕史著（講談社ブルーバックス）
『ブロックチェーン技術概論　理論と実践』山崎重一郎・安土茂亨・金子雄介・長田繁幸著（講談社）
『現代暗号入門　いかにして秘密は守られるのか』神永正博著（講談社ブルーバックス）
『暗号貨幣（クリプトキャッシュ）が世界を変える！』中村宇利著（集英社）
『イーサリアム　若き天才が示す暗号資産の真実と未来』ヴィタリック・ブテリン著（日経ＢＰ）
『エンジニアのためのＷｅｂ３開発入門』愛敬真生・小泉信也・染谷直希著（インプレス）

『テクノロジーが予測する未来　ｗｅｂ３、メタバース、ＮＦＴで世界はこうなる』伊藤穰一著（ＳＢ新書）
『ＮＦＴの教科書　ビジネス・ブロックチェーン・法律・会計までデジタルデータが資産になる未来』天羽健介・増田雅史編著（朝日新聞出版）
『日本再興戦略』落合陽一著（幻冬舎×ＮｅｗｓＰｉｃｋｓ）
『22世紀の資本主義　やがてお金は絶滅する』成田悠輔著（文春新書）
『テクノ・リバタリアン　世界を変える唯一の思想』橘玲著（文春新書）
『１時間でわかるビットコイン入門～１円から送る・使う・投資する～』小田玄紀著（インプレス）
『１時間でわかるビットコイン投資入門～誰でもできる超シンプル投資法～』小田玄紀著（インプレス）
『再生　逆境からのスタートと不祥事勃発――それでも私がリミックスポイントの社長であり続ける理由』小田玄紀著（幻冬舎）

小田 玄紀（おだ・げんき）

SBIホールディングス常務執行役員、日本暗号資産等取引業協会（JVCEA）代表理事、株式会社ビットポイントジャパン代表取締役。

1980年生まれ、東京大学法学部卒業。2016年3月、日本初の暗号資産交換業を営む株式会社ビットポイント（現 株式会社ビットポイントジャパン）を立ち上げ、同社代表取締役に就任。

2018年、紺綬褒章を受章。2019年、「世界経済フォーラム」よりYoung Global Leadersに選出。

2023年から、SBIホールディングスの常務執行役員、日本暗号資産等取引業協会代表理事を務める。

デジタル資産とWeb3

発行日　2025年5月6日　第1刷

著者　小田玄紀

本書プロジェクトチーム
編集統括　柿内尚文
編集担当　中山景
編集協力　古井一匡、仲山洋平＋鈴木直人（株式会社フォーウェイ）
デザイン　山之口正和＋中島弥生子＋高橋さくら（OKIKATA）
DTP　柳本慈子
校正　横川亜希子
協力　株式会社 TWIN PLANET

営業統括　丸山敏生
営業推進　増尾友裕、綱脇愛、桐山敦子、相澤いづみ、寺内未来子
販売促進　池田孝一郎、石井耕平、熊切絵理、菊山清佳、山口瑞穂、
吉村寿美子、矢橋寛子、遠藤真知子、森田真紀、氏家和佳子
プロモーション　山田美恵、川上留依、鈴木あい

編集　小林英史、栗田亘、村上芳子、大住兼正、菊地貴広、山田吉之、
福田麻衣、小澤由利子、宮崎由唯
メディア開発　池田剛、中村悟志、長野太介、入江翔子、志摩晃司
管理部　早坂裕子、生越こずえ、本間美咲
発行人　坂下毅

発行所　株式会社アスコム

〒105-0003
東京都港区西新橋2-23-1　3東洋海事ビル
TEL：03-5425-6625

印刷・製本　日経印刷株式会社

Printed in Japan ISBN 978-4-7762-1400-7